赋　能
新质生产力

科技创新助力高质量发展

丁明磊　秦铮　石敏杰
著

图书在版编目（CIP）数据

赋能新质生产力：科技创新助力高质量发展 / 丁明磊，秦铮，石敏杰著. -- 北京：中信出版社，2024.9.
ISBN 978-7-5217-6827-5

Ⅰ. F120.2

中国国家版本馆 CIP 数据核字第 20248L3B92 号

赋能新质生产力：科技创新助力高质量发展
著者：　　　丁明磊　秦铮　石敏杰
出版发行：中信出版集团股份有限公司
　　　　　（北京市朝阳区东三环北路 27 号嘉铭中心　邮编　100020）
承印者：　嘉业印刷（天津）有限公司

开本：787mm×1092mm　1/16　　印张：17　　　字数：215 千字
版次：2024 年 9 月第 1 版　　　　印次：2024 年 9 月第 1 次印刷
书号：ISBN 978-7-5217-6827-5
定价：69.00 元

版权所有·侵权必究
如有印刷、装订问题，本公司负责调换。
服务热线：400-600-8099
投稿邮箱：author@citicpub.com

目录

前 言 / 01

第一篇　认识新质生产力　向科技创新要新质生产力

第一章　认识高质量发展的新时代逻辑 / 003
　　马克思主义中国化、时代化的理论逻辑 / 005
　　国家走向强盛的历史逻辑 / 008
　　科学技术发展的演进逻辑 / 010
　　大国战略博弈的底层逻辑 / 014

第二章　以科技创新支撑新质生产力发展 / 023
　　科技创新是发展新质生产力的核心要素 / 025
　　把科技创新作为高质量发展的逻辑起点 / 028
　　系统谋划科技创新赋能新质生产力 / 033

第二篇　培育新质生产力　打造高质量发展新优势

第三章　加快实现高水平科技自立自强 / 047
　　高水平科技自立自强的内涵 / 049
　　高水平科技自立自强的标志 / 056
　　我国高水平科技自立自强取得的成就与面临的问题 / 064
　　实现高水平科技自立自强的思路和举措 / 073

第四章　科技创新引领现代化产业体系建设 / 077
　　现代化产业体系是现代化国家的物质技术基础 / 079
　　打造三类"新"产业抢占未来科技竞争制高点 / 084
　　以完善的科技创新体系支持产业创新发展 / 098

第五章　以新技术打造经济增长新动能 / 107
　　新质生产力的关键发力点在新技术 / 109
　　加快新兴技术识别和培育 / 117
　　探索新兴技术包容审慎的治理机制 / 127
　　加快新兴技术转化形成经济价值 / 136

第六章　将科技成果转化为新质生产力 / 143
　　促进新技术产业化、规模化应用 / 145
　　以前瞻性制度设计全面释放创新活力 / 152

第三篇　激发新质生产力　开拓高质量发展新空间

第七章　以科技创新支撑扩大国内需求 / 159

　　扩大内需有利于培育新质生产力 / 161

　　扩大内需需要以科技创新为支撑 / 166

　　科技创新支撑扩大内需的机制 / 170

　　科技创新推动扩大内需的重大举措 / 175

第八章　推动科研范式及组织方式变革 / 185

　　历次技术革命都会形成新质生产力 / 187

　　范式变革是推动技术革命的根本力量 / 198

　　当前科研范式已进入新一轮变革周期 / 204

　　多措并举推动科研范式和组织方式变革 / 211

第九章　实现更高水平科技开放合作 / 217

　　发展新质生产力要求扩大开放合作 / 219

　　加强国际开放合作的制度设计 / 221

　　扩大国际开放合作的重点领域 / 223

　　加强开放合作的科技外交策略 / 225

第十章　推动科技向善和人的全面发展 / 227

　　人是目的：科技永远服务于"人" / 229

　　新质生产力是解放思想的生产力 / 242

　　在文化传承中发展新质生产力 / 250

前　言

2023年9月，习近平总书记考察黑龙江时第一次提出了"新质生产力"的概念。2023年中央经济工作会议提出"加快形成新质生产力，建设现代化产业体系"，这既是2024年经济工作的重要任务，也是一项长期培育经济增长新动能的任务。在2024年1月31日的中共中央政治局第十一次集体学习中，习近平总书记对"新质生产力"的概念做出了全面阐述，提出："新质生产力是创新起主导作用，摆脱传统经济增长方式、生产力发展路径，具有高科技、高效能、高质量特征，符合新发展理念的先进生产力质态。它由技术革命性突破、生产要素创新性配置、产业深度转型升级而催生，以劳动者、劳动资料、劳动对象及其优化组合的跃升为基本内涵，以全要素生产率大幅提升为核心标志，特点是创新，关键在质优，本质是先进生产力。"[①]

高质量发展是中国式现代化的首要任务。习近平总书记多次强调，发展新质生产力是推动高质量发展的内在要求和重要着力点，必须继续做好创新这篇大文章，推动新质生产力加快发展。习近平总书记在2024年3月参加十四届全国人大二次会议江苏代表团审议时进一步强调，"要牢牢把握高质量发展这个首要任务，因地制宜发展新

[①] 习近平在中共中央政治局第十一次集体学习时强调：加快发展新质生产力 扎实推进高质量发展[N].人民日报，2024-02-02（1）.

质生产力"[①]。解放和发展社会生产力是促进社会进步的根本动力，也是贯穿马克思主义理论体系的一条主线。新质生产力的本质是创新驱动的生产力，科学地揭示了新科技革命条件下科学技术在生产力形成和发展过程中的重要地位与作用。从"新发展阶段"到"新发展理念"到"新发展格局"再到"新质生产力"，习近平总书记关于新质生产力的重要论述是对马克思主义生产力理论的创新和发展。我们必须完整、准确、全面贯彻新发展理念，深入实施创新驱动发展战略，把科技的命脉牢牢掌握在自己手中，不断提升我国发展的独立性、自主性、安全性，催生更多新技术、新产业，开辟经济发展的新领域、新赛道，形成国际竞争新优势，促进科技创新力、社会生产力、国家战略竞争力的耦合关联。

以科技创新为核心要素加快形成新质生产力，蕴含着深刻的理论逻辑、历史逻辑、演进逻辑和大国博弈的底层逻辑。科技兴则民族兴，科技强则国家强。当前，世界百年未有之大变局正在加速演进、交织跌宕，中国发展面临的环境、任务和需要解决的问题复杂度已发生了历史性变化。新科技革命的深入发展是我国百年不遇的重大机遇，国际局势的变革是我们乘势而上的重要时机，创新型国家建设也为我国科技发展积累了丰富的经验，我们有信心、有能力迈向更高目标的新征途。要充分发挥创新作为引领发展第一动力的作用，增强科技自立自强支撑社会主义现代化强国建设的使命担当，增强应对外部重大风险挑战的抗压能力、应变能力、对冲能力和反制能力，推进高水平科技自立自强，加快发展新质生产力，以科技创新的主动赢得国

---

① 新华社.习近平在参加江苏代表团审议时强调：牢牢把握高质量发展这个首要任务[EB].中国政府网，2023-03-05.

家发展的主动，以自立自强的能力筑牢民族复兴的基石。

着眼实现第二个百年奋斗目标，更要把国家发展建立在科技自立自强的牢固根基之上，把科技的命脉牢牢掌握在自己手中。我们要建成世界科技强国，成为世界主要的科学中心和技术发源地，产生影响世界科技发展和文明进步的重大原创性成果，建成高水平创新型经济和富有活力的知识型社会。面对复杂形势和艰巨任务，我们必须立足于实现中华民族伟大复兴的战略全局，着眼于科学把握和有效应对世界百年未有之大变局，坚持面向世界科技前沿、面向经济主战场、面向国家重大需求、面向人民生命健康，以支撑引领社会主义现代化建设为主线，以深化科技体制机制改革为根本动力，以激发全社会科技创新活力为基础，以满足人民日益增长的美好生活需要为根本目的，着力构建高效能国家创新体系、打造全球人才高地、完善创新文化环境、提升中华民族创新文化的国际影响力，不断提升我国发展的独立性、自主性、安全性，实现智能、绿色、健康、普惠、可持续发展，既为中华民族谋复兴、为中国人民谋幸福，又为世界谋大同、为人类进步事业不断奋斗。

当前，我国已开启全面建设社会主义现代化国家新征程，推进高水平科技自立自强，加快发展新质生产力，既体现了与自力更生、自主创新、创新驱动一脉相承的发展内涵，也体现了充分发挥我国科技创新已有的良好基础和独特优势，在新的历史起点上向更高水平迈进的必然趋势和内在要求。本书进一步围绕激发新质生产力、开拓高质量发展新空间，系统谋划向更深层次拓展新质生产力的理念思路、战略路径，并就支撑扩大国内需求、推动科研范式组织方式变革、实现更高水平开放合作、推动科技向善和人的全面发展提出具体建议。

第一篇
认识新质生产力
向科技创新要新质生产力

第一章

认识高质量发展的新时代逻辑

新质生产力是创新起主导作用、符合新发展理念的先进生产力质态。以科技创新为核心要素加快形成新质生产力，蕴含着深刻的理论逻辑、历史逻辑、演进逻辑和大国战略博弈的底层逻辑。

马克思主义中国化、时代化的理论逻辑

生产力是人们改造自然、利用自然的能力，是推动人类社会发展的最终决定性力量。马克思主义生产力理论是贯穿其历史唯物主义的根本基石。无论在什么时代，生产力的发展都是科技进步和新兴产业推动的自然的和历史的产物，正如马克思在《资本论》中指出，"劳动生产力是随着科学和技术的不断进步而不断发展的"，在《政治经济学批判》中提出"生产力中也包括科学""社会的劳动生产力，首先是科学力量"。

中国共产党领导中国科技事业发展的百年历程，高度重视科学技术在促进生产力发展中的作用，始终以马克思主义中国化最新成果作

为理论指引，在革命、建设、改革各个历史时期，顺应国家发展大势和战略需求，探索了发展科学技术及与革命斗争、生产实践密切结合的路径，奠定了科技创新的核心地位和战略支撑作用，探索了从独立自主、自力更生到提高自主创新能力，再到实现科技自立自强一脉相承的战略路径，形成了一系列方法制度。创新作为五大新发展理念之首，是引领发展的第一动力。科技创新引领现代化产业体系建设，是马克思主义基本原理同我国科技创新实践相结合的最新重大命题。中华人民共和国成立以来，我国公开发布了11个科技发展规划。从《1963—1972年科学技术发展规划纲要》（简称"十年规划"）提出"自力更生，迎头赶上"，到《国家中长期科学和技术发展规划纲要（2006—2020年）》提出"自主创新，重点跨越，支撑发展，引领未来"十六字方针，我们可以看到，自力更生是中华民族自立于世界民族之林的奋斗基点，自主创新是我们攀登科技高峰的必由之路，自立自强是中国特色自主创新道路与时俱进的新要求。

党的十八届五中全会提出了创新、协调、绿色、开放、共享的新发展理念。习近平总书记指出，把创新摆在第一位，是因为创新是引领发展的第一动力。围绕科技创新的一些根本性、长远性的重大问题，习近平总书记做出了一系列全面而深刻的论述，形成了一个系统完备、逻辑严密、内在统一的理论体系，成为马克思主义基本原理同我国科技创新实践相结合的最新理论成果，具有鲜明的继承性、时代性、引领性，笔者认为主要体现为八个"必须坚持"：必须坚持党对科技事业的全面领导，必须坚持建设科技强国的奋斗目标，必须坚持"四个面向"的战略方向，必须坚持走中国特色自主创新道路，必须坚持科技自立自强作为国家发展的战略支撑，必须坚持以深化改革激发创新活力，必须坚持创新驱动的实质是人才驱动，必须坚持融入全球科技创新网络。

新质生产力是创新起主导作用、符合新发展理念的先进生产力质态，是要素新优势、产业新形态、发展新路径、竞争新优势的集成表述，代表着更创新、更高阶、更可持续的生产力发展方向。新质生产力科学地揭示了新科技革命条件下科学技术在生产力形成和发展过程中的重要地位与作用。

新质生产力理论将发展新质生产力作为实现高质量发展的重要着眼点，明确将科技创新作为新质生产力的核心要素，阐明了从技术革命性突破、生产要素创新性配置、推动产业深度转型升级为新质生产力发展的主导路径，以更高素质劳动者、更高技术劳动资料、更广泛的劳动对象为生产力跃升的重要驱动要素，并通过教育、科技、人才一体化发展畅通新质生产力发展的堵点卡点。发展新质生产力，关键在科技创新体系。新质生产力理论与党的二十大报告提出的"坚持创新在我国现代化建设全局中的核心地位"一脉相承，与党的二十大明确指出的"完善科技创新体系"的核心任务之一在于"强化国家战略科技力量""提升国家创新体系整体效能"有机统一。

新质生产力坚持以人民为中心的发展思想，突出高质量发展新动能、突出人才为本，充分发挥劳动者这个生产力中最活跃的因素。新质生产力科学地揭示了新科技革命条件下科学技术在生产力形成和发展过程中的重要地位与作用，为我们增强发展新动能、构筑经济发展新引擎、塑造高质量发展新优势提供了重要指引，彰显了以习近平同志为核心的党中央以科技创新推动产业升级、构筑竞争新优势、赢得发展主动权的坚定战略抉择。

国家走向强盛的历史逻辑

辛亥革命和五四新文化运动，为现代科学在中国的发展创造了社会条件和文化环境，科学是五四时期思想启蒙的重要内容之一，无数仁人志士怀着"科学救国""教育救国""人才救国"的伟大理想，积极提倡科学社会主义和宣传马克思主义，奋起争取民族独立。建党一百多年来，中国共产党在革命、建设、改革各个历史时期，都高度重视科技事业，确立了科技创新的核心地位和战略支撑作用。毛泽东同志曾指出："自然科学是人们争取自由的一种武装。"[1]我们党善于发挥科学技术作用，为军事斗争胜利提供坚强保障，并为中华人民共和国成立后的现代化建设做了诸多科学技术实践方面的准备。中华人民共和国的成立在全国范围内为科技发展创造了条件，维护国防安全、恢复和发展国民经济等国家战略对我国"一穷二白"的科技事业发展提出了迫切需求，以科技进步推动生产力发展，实现国家工业化和四个现代化，是几代中国共产党人的强国信念。20世纪60年代初，国内外形势发生了重大变化，我国在《1963—1972年科学技术发展规划纲要》中凝练出"自力更生，迎头赶上"的总方针，提出"动员和组织全国的科学技术力量，自力更生地解决我国社会主义建设中的关键科学技术问题"。步入21世纪，《国家中长期科学和技术发展规划纲要（2006—2020年）》作为我国社会主义市场经济体制基本建立以及

---

[1] 中共中央文献研究室.毛泽东文集（第2卷）[M].北京：人民出版社，1993.

加入WTO（世界贸易组织）后的第一个科技规划，提出"自主创新，重点跨越，支撑发展，引领未来"十六字科技工作指导方针。

从改革开放提出"科学技术是第一生产力"，不断完善国家创新体系、建设创新型国家，到党的十八大后坚持把创新作为引领发展的第一动力，把科技创新摆在国家现代化发展全局的核心位置，深入实施科教兴国战略、人才强国战略、创新驱动发展战略，我们党在百年发展历程中取得了辉煌的科技创新成就，奠定了科技创新在党和人民事业中十分重要的战略地位。党的十八大提出科技创新是提高社会生产力和综合国力的战略支撑；党的十九大提出创新是引领发展的第一动力，是建设现代化经济体系的战略支撑；党的二十大将"实现高水平科技自立自强，进入创新型国家前列""建成教育强国、科技强国、人才强国"纳入2035年我国发展的总体目标。可以看到，自力更生是中华民族自立于世界民族之林的奋斗基点，自主创新是我们攀登科技高峰的必由之路，自立自强是中国特色自主创新道路与时俱进的新要求。

当前，我国已经开启全面建设社会主义现代化国家新征程，加快实现高水平科技自立自强，既体现了与自力更生、自主创新、创新驱动一脉相承的发展内涵，也体现了充分发挥我国科技创新的良好基础和独特优势，以及在新的历史起点上向更高水平迈进的必然趋势和内在要求。这既是推动高质量发展的必由之路，也是中国式现代化建设的关键。

科技进步是大国崛起的关键力量。在科技革命和产业变革中，能够掌握前沿科技并迅速应用科技成果、率先对生产方式进行变革的国家，往往能够快速提升综合国力进而在国际竞争中占据有利地位。只有夯实高水平科技自立自强根基，才能为现代化产业体系建设和经济社会高质量发展提供新的成长空间、关键着力点和主要支撑。从新中国的建设和改革开放的历史来看，我国经济发展为科技进步奠定了雄厚的基础，尤其是党的十八大以来的这十多年，是我国科技进步最大、科技实力提升速度最快的十多年。我国科技事业发生了历史性、整体性、格局性变化。而只有在科技的引领支撑下，经济进一步发展的后劲儿才足。加快实现高水平科技自立自强是以科技创新引领现代化产业体系建设、推动高质量发展的必由之路。只有夯实科技发展根基，才能为高质量发展提供新的成长空间，才能让中国式现代化道路越走越宽。

科学技术发展的演进逻辑

当今世界正经历百年未有之大变局，正处于世界经济结构深度调整与新科技革命产业变革的历史性交会期。世界百年未有之大变局加速演进，新的国际格局正在形成，新的现代化模式开始确立，新的工业革命正在到来，世界之变、时代之变、历史之变正在以前所未有的方式展开。一方面，世界经济复苏艰难，尚未找到有效的新增长动能，根据IMF（国际货币基金组织）在2024年1月《世界经济展望报告》中的预测，全球经济增速将从2022年的3.5%放缓至2024年的3.1%和2025年的3.2%，远低于3.8%的历史（2000—2019年）平均水平。另一方面，大国战略博弈升级，地缘政治对抗加剧，粮食、能源、金融、气候、疾病等全球性挑战前所未有，各种"黑天鹅""灰犀牛"事件随时可能发生。科技创新是大变局的重要组成部分，也是改变大变局格局的关键力量。

（一）多学科交叉融合、数字化驱动，推动大科学时代科研范式变革

随着新一轮科技革命和产业变革的不断推进，学科间的交互融合持续演进，科研范式正在发生根本性转变，AI（人工智能）等技术直接应用于科研过程，大大加快了科学发现的速度。进入21世纪后，自然科学领域内部及其与社会科学之间的交叉融合进程加快，催生了许多新兴学科。诸如大信息、大物质、大生命、大文科等领域形成互相联动的关系网，不断改进甚至重构传统学科体系，持续推动新兴领域发展，为基础研究带来新的方法和解决方案。[①] 例如，信息科学与生命科学、物质科学的交叉融合，预期将开创生物计算、类脑学习等跨学科的前沿领域。

数字科技的快速发展正显著改变着科学研究的发现速度和方法，基础研究成果转化周期大幅缩短，全球科技竞争的焦点逐渐转移到基础前沿领域。AI for Science（人工智能驱动的科学研究）成为人工智能技术应用落地的重要路径和培育中国新质生产力底座的关键组成部分。AI在生物医药、材料研发、工业设计、水利水务、气候环境、航天航空、前沿物理以及颠覆性技术研发等领域均有深度参与。数据驱动的科学探索将催生新的研究方法，形成全新的知识体系，构筑新

---

① 吴杨.大科学时代基础研究多元投入的路径探索[J].人民论坛·学术前沿，2023（9）：68—80.

兴的学科架构，数字驱动的科研模式转型正在成为时代发展的潮流。[①]学科交叉融合、数字技术是科研范式发展的必然要求和变革方式，从不同维度推动着科研范式的升级变革。[②]

（二）前沿颠覆性技术的集中涌现、相互赋能和加速应用，正在推动新产业、新业态、新模式加速迭代形成新质生产力

当前，基础科学和前沿技术加快突破，向经济社会各领域扩散的速度、深度和广度前所未有。人工智能、大数据正在推动科学研究范式发生深刻变革，以科学技术新原理、新组合、新应用为基础产生的突破性创新，有望推动相关产业乃至全球经济的革命性进步，量子计算、类脑计算等非传统架构计算技术持续进步，将突破现有计算系统的物理极限和瓶颈，给信息技术和产业带来颠覆性影响。各类前沿和颠覆性技术相互赋能，迭代突破，发展的新能量不断集聚，正在成为全球生产力新跃升的突破口，将对经济社会发展产生全局性的影响。

随着人工智能、量子计算与生物、材料、能源等领域的加速融合，加快基础科学和应用科学的发现、验证、应用，打造下一代科学范式，催生智慧医疗与健康、生物制造、智能交通与物流、生物能源等新产业，极大地丰富了现代产业体系的内容和形式，极大地提高了社会生产力。重大场景的牵引不仅将促进创新链和产业链的融合，还会加速前沿技术的迭代升级，元宇宙、智慧工厂等细分应用场景将进

---

① 彭青龙.技术社会、大数据与创新思维——访谈梅宏院士［J］.上海交通大学学报（哲学社会科学版），2021，29（3）：1—9.
② 陈套，贾宝余.数字时代的科研范式变革与组织模式创新［J］.科技智囊，2023（9）：33—44.

一步推动先进通信、人工智能、脑机接口、数字孪生等技术的集成创新。科学技术系统、经济系统、社会系统、生命系统、生态系统等交叉融合，成为生产力发展的决定性因素和社会进步的强大动力。

（三）数据要素与其他生产要素的高效协同联动极大地提高了社会生产力，数字化、智能化与绿色化深度融合、交互影响，正在深刻改变着新质生产力的演化路径

随着信息技术的发展，以大数据为代表的信息资源向生产要素的形态加速演进。数据已成为新型生产要素，并与其他生产要素高效协同，颠覆传统生产方式，一起融入经济价值创造的整个过程，大大缩短了全社会的创新链并创造出更高的价值，传统生产力的内涵和外延不断丰富和发展。数字化、智能化与绿色化深度融合、交互影响，正在深刻改变着科技革命和产业变革的演化路径，以人工智能、移动互联网、云计算、量子信息为代表的新一代信息技术对经济社会生活的渗透率越来越高，正以前所未有的广度和深度，不断推进资源配置方式、生产方式、组织方式、经济发展模式的深刻变革。

智能化与绿色化不仅是技术革新的体现，更是对未来可持续发展模式的探索和实践。首先，智能化技术的发展正在引领新一轮工业革命。人工智能、物联网、大数据分析等技术的广泛应用，正在改变传统的生产方式和管理模式。智能化技术能够提高生产效率、降低运营成本、优化资源配置，从而推动生产力的大幅提升。同时，智能化技术还能够实现对生产过程的实时监控和优化，为绿色生产提供强有力的技术支撑。其次，绿色化作为可持续发展的核心理念，强调在经济发展过程中保护生态环境、节约资源和减少污染。全球主要国家积极推动绿色技术的战略性部署，特别是在工业、能源和交通等领域，已经制订了研发及推广应用计划。全球绿色技术研发增速较快，绿色技术 PCT（专利合作条约）申请数量自 2010 年以来均超过 2 万项，我国 PCT 申请量的快速增加对全球增长贡献显著。[①] 智能化与绿色化的深度融合，意味着两者不是简单的叠加，而是相互促进、相互渗透。智能化技术可以为绿色化提供高效的解决方案，同时，绿色化理念也能够引导智能化技术的发展，使其更加注重环境保护和资源节约。

大国战略博弈的底层逻辑

在全面推进中国式现代化的新征程上，我国面临着世界百年未有之大变局加速演进和美西方等外部打压遏制升级的国际战略环境，科技竞争已成为大国战略博弈的新疆域和主战场。世界百年未有之大变局加速演进，世界之变、时代之变、历史之变正在以前所未有的方式展开。科技是大变局的重要组成部分，也是改变大变局格局的关键力量。应对大变局，必须有大战略。关键是做好自己的事情。在这样的国际背景下，我国正在从科技大国向科技强国迈进。一方面，我国科技发展的路径发生了变化，从跟随西方走向探索"无人区"和"灭灯区"。另一方面，我们对战略机遇期的认识发生了变化，提出要健全

---

① 秦阿宁，孙玉玲，王燕鹏，等. 碳中和背景下的国际绿色技术发展态势分析[J]. 世界科技研究与发展，2021，43（4）：385—402.

新型举国体制。要深刻认识到，我们仍处于并将长期处于重要的战略机遇期，更需要研究好如何把握战略机遇期，既要从中华民族百年巨变的历史和思想历程中总结和吸取经验教训，以创新精神推动中国科技创新的理论与实践发展，也要积极部署应对科技创新重大风险的工作，加强主动防护，通过补短板和扬长板来打破路径依赖。

（一）世界百年未有之大变局进入加速演变期，我们将面临更加复杂和分裂的国际环境

百年未有之大变局加速演进，科技创新日益成为国际战略博弈的主要战场。大国博弈引爆乌克兰危机，在世纪疫情等交织叠加下，逐步诱发一系列全球性危机，深刻重塑全球政治、经济、军事格局。当前国际力量对比变化的革命性、国际体系与秩序变化的剧烈性、国家发展范式与价值变化的竞争性、大国博弈态势变化的复杂性前所未有。军事冲突的爆发、传统安全风险的上升，将加剧世界范围内意识形态与价值观的对立，强化政治集团和阵营之间的对抗趋势。各类价值观、秩序观、安全观的相互碰撞和冲击，将导致世界范围的更多不确定性，并随着辐射效应扩散至未来国际政治、经济、科技关系的各个环节和方面。目前，民族主义、民粹主义、保护主义和逆全球化在世界范围内扩大蔓延，国际环境的不稳定性、不确定性明显增加，世界经济陷入低迷期，全球产业链、供应链面临重塑，不稳定性、不确定性明显增加。科技创新日益成为国际战略博弈的主要战场，对科技制高点的竞争空前激烈。围绕高科技的封锁与反封锁、脱钩与反脱钩逐渐展开，成为大国科技竞争"新常态"。

国际大环境出现更多负面因素。一方面，全球化减速以及"逆全球化"的波动持续削弱国际上的政治互信。很多国家的政府将施政重点进一步转向国内，对外政策本身的自主性下降。特别是由于全球经济进入下行期，各国国内贫富差距扩大、政治极化等社会矛盾迟迟得不到缓解，一些国家不仅降低了对外合作的意愿，甚至还采取了"以邻为壑"的对外政策，将其他国家作为转移国内矛盾的"替罪羊"。在此形势下，科技外交将受限于与对象国国内政策的协调。例如，国际科技合作既需要考虑各合作方的技术发展需求，也受到各方的社会发展需求甚至国内政治需求的影响。另一方面，技术民族主义逐渐兴起，将进一步加剧国际科技竞争甚至对抗。一些国家受地缘政治、意识形态等因素影响，将技术创新能力与国家安全、经济发展和社会稳定挂钩，寻求在本地和全球范围内为其利益相关者增加或维持具有排他性的技术竞争优势，通过单边的技术出口管制、技术投资限制、科技交流限制等手段扶植本国高科技企业并打压对手。主宰数字技术创新的跨国科技巨头已经变得极具影响力。人工智能、量子科学等新兴技术及产业发展日益趋向赢者通吃，推动全球科技企业，尤其是跨国科技巨头权力直逼"国家"。在某种程度上，这些科技巨头的经济和政治实力与传统合作伙伴国的实力相当甚至超越。

（二）新兴技术发展催生的新权力空间愈加重要，全球比拼布局未来科技与未来产业，大国战略博弈下的冷战式经济格局再露端倪

近年来，国际格局加速重塑，地缘政治形势恶化，国际经济关系

紧张。美国塑造了中美的"修昔底德陷阱",经济领域的"认知战"已经是美国对华总体战略的一部分。新一轮科技革命和产业变革正将国际政治从"地缘政治时代"带到"技术政治时代"[①]。在"技术政治时代",国际战略竞争的重心是高技术创新优势的竞赛,是围绕新科技革命所塑造的新权力的争夺,而这种争夺主要体现在前沿创新能力和国际规则体系塑造能力两个方面。[②] 大国竞争由军事领域转向非军事领域,科技创新能力对于国际主导权越发重要。

当前的国际竞争内容和策略与以往有很大不同。一方面,核武器的存在使得大国间直接发起战争的风险较低,基于意识形态的阵营划分也很难出现。军事竞争不再是大国竞争的主要和主流方式。另一方面,国际主导权之争将进一步集中在科技创新领域。大国竞争的本质仍然是国际主导权之争,而决定国际主导权的最重要因素仍然是资源的生产与调配能力。在当前的时代背景下,科技创新能力对于资源的生产与调配越发关键。世界主要国家在资源上的竞争逐渐集中到科技创新领域。特别是乌克兰危机爆发以后,国际经济科技合作受到进一步冲击,在中美博弈的大背景下,美国拜登政府逐渐形成以竞争性共存为方向、以新平衡为目的的对华新战略,在科技领域加大力度对中国进行遏制打压。

---

① Hal Brands. America enters the era of technopolitik [EB/OL]. [2022-02-03].
② 唐新华.西方"技术联盟":构建新科技霸权的战略路径[J].现代国际关系,2021(1):38—46,64.

（三）全球科技治理规则已经开始突破传统的治理形式，在治理层次、治理模式和治理领域等方面出现明显的变化

第一，新兴技术带来了严峻的治理挑战。当前，人工智能、区块链、合成生物、大数据、物联网等新兴技术不断取得突破，在给全球发展带来机遇的同时也带来严峻的安全和治理挑战，如技术安全、科研伦理、隐私规制、数据产权等，并引起了国际社会的广泛关注。人工智能对就业前景、大数据应用对个人隐私保护、移动社交媒体对民主和选举、物联网发展对网络安全、数字商业对国家税收、加密货币对金融体系等产生的一系列影响是国际性的，以前所未有的速度超越国界。[①] 例如，网络攻击和网络监视是对网络主权的威胁，滥用人工智能进行跨国个人数据收集和使用是对其他国家公民隐私的侵犯；社交媒体平台传播虚假信息和恐怖内容会引发宗教和民族冲突；黑客攻击和间谍软件会破坏一个国家电信、电力网、银行、机场和医疗研究等重要基础设施的运行。2016年美国总统选举过程中，剑桥分析公司利用脸书公司的个人资料分析选民的个性和政治倾向，从而影响选民投票的事件在2017年被曝光。如何驾驭新科技、妥善处理人与科技的关系成为各国政府和产业界共同面对的问题，"治理好科技"日益成为与"发展好科技"同等重要的外交议题。

第二，由于国际科技合作缺乏多边层面的统一规制，全球科技治理体系面临"碎片化"挑战。这将增加国际科技合作中的政策协调难度，各国围绕先进技术合作的猜忌和保护行为将越发明显，使得国际

---

① 张九庆. 多国任命技术大使对加强我国科技外交的启示和建议[J]. 科技中国，2022（6）：5—9.

科技合作面临更多的"软壁垒"。同时所造成的不确定性也将进一步打击各国开展科技合作的积极性。

第三，新技术与国际经济活动的结合越来越紧密。数字贸易、云计算、大数据、AI等都会涉及跨境货物、服务、数据、信息的流动。而这些要素的流动将与国际经济交往相互交织，对传统的国际规则形成挑战，同时也推动着规则的调整。

（四）国际格局加速重塑，中美战略博弈下的科技外交对峙与"新铁幕"或将成为一个新现实

新兴技术正在重塑地缘政治，创新多极化格局加速形成。第一，以中国为代表的新兴势力快速崛起，中国等发展中国家对全球知识领域做出的贡献越来越大。根据2022年8月日本国立科学与技术政策研究所发布的报告，在2018—2020年发表的国际被引科技论文中，中国的占比达到27.2%，已居全球首位；美国则占到24.9%，居第二位。根据欧盟委员会发布的《2022年欧盟工业研发投资记分牌》，过去十年，中国进入全球研发投入2 500强的企业数量增加了三倍多（从2011年的176家增加至2021年的678家），逐渐取代了欧盟和日本等更传统的制造业领先国家的地位。根据2022年9月世界知识产权组织发布的《2022年全球创新指数报告》，中国排名第11位，连续十年稳步上升。这表明中国等后发国家已成为全球科技创新的重要力量，原有的力量格局正在发生变化。这种变化虽然带来了更加多极化的秩序，促进了部分合作网络的开发和拓展，但格局调整也引发了利益分配变化，进而导致国家间关系的变化。第二，经过长期演化，西

方形成了紧密的科研合作网络，仍然占据话语权，具有把控力。在2022年自然指数年度榜单中，美国保持第一，中国位居第二，而位居第三至第十的国家均是发达国家（德国、英国、日本、法国、加拿大、韩国、瑞士和澳大利亚）。根据《美国科学与工程指标》统计，2018年科学与工程领域国际合作论文共575 857篇，其中美国参与的为215 388篇，占比37%，在全球前十大科学与工程论文双边合作关系中，含美国的就有7个。这些数据表明，以西方国家为中心的国际科研合作网络还没有发生颠覆性变化。第三，新兴技术对社会发展的深刻变革，加上强大的科技巨头、国际多边组织等非国家行为体的崛起，正在以全新的方式重塑外交政策和地缘政治。例如，网络安全在国家安全中的地位越来越高，5G（第五代移动通信技术）网络已经成为国际关系博弈的焦点，人工智能正在成为大国科技竞争的新战场。技术影响下的地缘政治不再像传统地缘政治那样注重国家的叠加，而是更注重创造新的技术联盟关系。

国际科技秩序需要重塑，以美国为首的西方国家试图联合遏制中国。百年未有之大变局的一个关键变量是中美关系。当今中美"大国博弈"是在不同的或重叠的规则下同时进行的多项竞争活动，中美两国对相互竞争的认识和基本判断仍存在比较大的差异，甚至不在同一维度上。当前，传统的国际技术转移与科技合作的机制遭到破坏，新的国际科技秩序还未形成。由于在一些多边机制中发挥领导作用的个别发达国家屡屡"退群"，阻挠了一些正常的国际技术转移与科技交流活动，使传统的国际科技秩序受损，部分领域甚至出现领导力"真空"。总体上看，中美战略博弈正在进入一个重大转折期，可能会持续相当长一段时间，双方都在摸索一个新的框架和新的互动方式，科技优势仍是大国竞争和博弈的核心。

近年来,中美科技关系恶化,美国持续实施对华科技打压甚至"科技脱钩",并试图拉拢其他国家进行"科技围堵"。美国新一届政府上台后,可能更多利用"联盟"方式对中国施压。联盟战略是美国全球战略和外交战略的重要组成部分,是其借以倍增力量、遏制挑战者、约束盟友、控制伙伴、保持全球优势地位的重要工具,受到国际体系、战略文化、战略缔造、决策惯性、地缘政治等一系列内外力量的联合牵引,保持着相当的连续性和稳定性。① 拜登在《为何美国必须再次领导》一文中明确表示,应对中国挑战的最有效方法就是与盟友联合起来。在访谈中,他再次提出保持对中国的竞争力取决于美国的创新和团结"世界民主国家"的能力。虽然大部分国家不希望在中美之间"选边站",但美国很可能利用其经济、政治、军事影响力胁迫一些国家参与到对华的科技遏制行动中。例如,美国正在5G、人工智能、量子技术以及半导体等领域与盟国合作构建一个甚至多个政府间机构,从而在标准制定、出口市场等方面将中国边缘化。

我们必须完整、准确、全面贯彻新发展理念,深入实施创新驱动发展战略,把科技的命脉牢牢掌握在自己手中,在科技自立自强上取得更大进展,不断提升我国发展的独立性、自主性、安全性,催生更多新技术、新产业,开辟经济发展的新领域、新赛道,形成国际竞争新优势。加快实现高水平科技自立自强,形成应对风险挑战的应变能力、抗压能力、对冲能力和反制能力,在危机中育先机,于变局中开新局。

---

① 储召锋.冷战后美国联盟战略研究[D].长沙:国防科技大学,2017.

第二章

以科技创新支撑新质生产力发展

科学技术是推动经济和社会发展的决定性因素，"科学技术是生产力"是马克思主义基本原理，并随着时代的变迁不断得到丰富与发展。"科学技术是第一生产力"既是现代科学技术发展的重要特点，也是科学技术发展的必然结果。习近平总书记关于新质生产力的重要论述，为新时代新征程加快科技创新、推动高质量发展提供了科学指引。坚持科技是第一生产力、人才是第一资源、创新是第一动力，坚持以人民为中心和以人为本，深入实施创新驱动发展战略，促进更多科技成果加快转化为新质生产力，是新时代实现高水平科技自立自强、赋能高质量发展、加快构建新发展格局和推进中国式现代化的重要任务。

科技创新是发展新质生产力的核心要素

（一）党中央把科技创新摆在国家发展全局的核心位置

党的十八大以来，以习近平同志为核心的党中央把科技创新摆在国家发展全局的核心位置,对科技创新进行了全局谋划和系统部署,提出了一系列新论断、新要求,形成了从思想到战略再到行动的完整体系,为我国加快实现科技自立自强,建设科技强国指明了前进方向、提供了根本遵循。我国科技实力不断提升,前沿领域快速发展;国家实验室体系建设有力推进,国家科技重大项目加快实施;航空发动机、燃气轮机等传统短板取得长足进展,人工智能、量子技术等科技新赛道处在世界第一梯队;科技浪潮推动传统产业加快转型升级、战略性新兴产业蓬勃发展、未来产业有序布局。在2023年底中央经济工作会议部署的九项重点任务中,"以科技创新引领现代化产业体系建设"被放在首位,突出了科技创新的引领作用,把科技创新作为高质量发展的逻辑起点。

当前,全球新一轮科技革命孕育的技术成果已经到了爆发的临界点,颠覆性技术和前沿技术的集中涌现、相互赋能和加速应用,正在推动新产业、新业态、新模式加速迭代形成新质生产力。以科学技术新原理、新组合、新应用为基础产生的突破性创新,有望推动相关产业乃至全球经济的革命性进步。随着人工智能、量子计算与生物、材料、能源等领域的加速融合,基础科学和应用科学的发现、验证、应用加快出现,新科研范式呼之欲出,催生出生物制造、商业航天、低空经济等若干战略性新兴产业,开辟出量子技术、生命科学等未来产业新赛道,不断丰富现代化产业体系的内容和形式,极大地提高了社会生产力。科学技术系统、经济系统、社会系统、生命系统、生态系统等交叉融合,成为生产力发展的决定性因素和社会进步的强大动力。

面向新时代发展,要强化党和国家对重大科技创新的领导,充分发挥市场机制的作用,围绕国家战略需求,优化配置创新资源,形成有为政府、有效市场、有力主体和活力社会相结合的局面，推动科技事业不断前进，为高质量发展注入强大动力。坚持科技是第一生产力、人才是第一资源、创新是第一动力，坚持以人民为中心和以人为本，坚持系统布局和问题导向，坚持全球视野和战略统筹，全面释放创新驱动发展新动能，特别是以颠覆性技术、前沿技术推动形成新质生产力，是筑牢科技自立自强根基的重要任务。

（二）新质生产力体现出了强大的科技内核

新质生产力主要来源于新科技革命产业变革推动下所产生的经济形态，突出高质量发展新动能，以数字化、智能化、绿色化为主要特征，以知识和技术密集型产业为主要支柱，以智力资源为主要依托。科技创新作为新质生产力的核心要素，正在从经济发展的"关键变量"转化为高质量发展的"最大增量"。在过去几十年的发展中，我国较好地利用了后发优势，通过要素和投资驱动，实现了经济的高速增长。但随着发展阶段和发展水平的不断提升，我们利用后发优势的空间日益缩小，传统投入要素的边际效益日益递减，迫切需要在继续用足、用好后发优势的同时，依靠科技创新创造新的竞争优势，建立以创新驱动为核心的新发展模式。我国超大规模的市场、完备的产业体系、海量的数据资源、丰富的应用场景和正在形成的全方位开放的新格局，要与智能化时代创新效率提升相结合，一方面提升传统要素的配置效率和质量；另一方面通过数据等新要素的高效组合，积极塑造领先产品、领先产业和领先市场等先发优势，加快形成新质生产力，为经济增长拓展新的战略空间。

新质生产力是新的高水平现代化生产力，也就是新类型、新结构、高技术水平、高质量、高效率、可持续的生产力。相比传统生产力，其技术水平更高、质量更好、效率更高、更可持续。新质生产力是一个具有动态性、时代性和战略性的概念，新质生产力相较于传统生产力形态，体现出了强大的科技内核。明确地将科技创新作为新质生产力的核心要素。新质生产力是一个具有动态性、时代性和战略性的新概念。政治经济学家熊彼特1912年在《经济发展理论》中指出，创新是要"建立一种新的生产函数"，就是要把一种从来没有的关于生产要素和生产条件的"新组合"引入生产体系中。

把科技创新作为高质量发展的逻辑起点

（一）扎实推进高水平科技自立自强

科技自立自强是国家安全之基、强盛之要，在国际环境日趋复杂、不确定性不断上升以及国内经济高质量发展进入爬坡迈坎关键时期的情况下，实现高水平科技自立自强成为我国的必然选择。

要不断产生重大原创性成果，发展高水平创新型经济和富有活力的知识型社会，支撑引领社会主义现代化强国目标实现。要着力增强科技发展的抵抗力和影响力，努力做到打不倒、拖不垮、不附庸，实现关键核心技术自主可控、科技前沿开创引领、高质量发展有力支撑，通过科技创新支撑引领国内大循环以及国内国际双循环，实现提质增效、降本提效、安全高效，推动科技向高端化迈进、经济向高质量发展。要把握时代机遇、凝聚创新力量，破除体制机制障碍，加快构建自主、完备、高效、开放的新时代创新体系，全力攻坚克难，增强科技创新的民族凝聚力、战斗力，走出具有中国特色的高水平科技自立自强之路。

（二）引领现代化产业体系建设

要坚持问题导向，把握科技革命和产业变革的历史经验、发展规律与新趋势，围绕我国经济发展、社会进步的新形势和重大需求进行全局性谋划。面向未来，我们要着眼于中国式现代化的要求，坚持系统布局，坚持问题导向，构建自主、完备、高效、开放的现代化产业体系，加快发展以科技创新为核心要素的新质生产力。

围绕颠覆性技术培育未来企业和产业。持续强化企业作为技术创新决策、研发投入、科研组织和成果转化的主体地位，培养一批核心技术能力突出、集成创新能力强的创新型领军企业，注重发挥领军企业在市场需求、集成创新、组织平台等方面的优势，构建以企业为创新主体的新质生产力发展机制。支持重大专项、"科技创新2030—重大项目"等成果产业化。促进各类创新主体、创新高地打造面向未来的创新共同体。加强创新资源的跨学科、跨领域、跨区域优化配置，支持企业与高校、科研机构联合投资，共建面向前沿科技领域的关键技术研发中心、概念验证中心、产业技术研究院、场景创新实验室、未来实验室等新型研发机构，推动形成集跨界创新、人才培养、无缝转化和科技投资于一体的"四链融合"机制。

（三）以新技术打造经济增长新动能

中央经济工作会议特别提到以颠覆性技术、前沿技术推动形成新质生产力，体现了党中央对于加快推动新一轮科技革命最新成果在我国率先实现产业化的迫切期望，以及对培育我国竞争新优势、赢得未来发展主动权方面的更高要求和目标。

要坚持问题导向，把握科技革命和产业变革的历史经验、发展规律与新趋势，围绕我国经济发展、社会进步的新形势和重大需求进行全局谋划。注重以科技创新为核心的全面创新，充分发挥科技创新对放大各种要素生产力的乘数效应，为发展方式转变、动力转换和结构优化提供支撑，走出一条创新驱动发展的新路。聚焦人工智能、量子信息、前沿生物、低碳能源等前沿和颠覆性技术，加速未来产业孵化、孕育和成长，打破路径依赖，塑造先发优势。注重促进创新供给与有效激发创新需求相结合，既要加大科技创新的研发及应用力度，不断提高创新产品供给，又要加强需求引导，清除市场障碍，为新技术、新产品的应用创造更加广阔的市场空间。注重塑造领先的创新制度，培育壮大市场主体，激发市场活力和社会创造力，使整个经济体系充满生机活力。注重人才驱动，要把人的发展作为创新驱动发展的出发点和落脚点，让劳动、知识、技术、管理、资本的活力竞相迸发。

（四）促进新场景下的科学成果转移转化

2024年3月20日，习近平总书记主持召开新时代推动中部地区崛起座谈会并发表重要讲话，进一步强调，"要以科技创新引领产业创新，积极培育和发展新质生产力""更加重视科技创新和产业创新的深度融合，加强重大科技攻关，增强产业创新发展的技术支撑能力""构建上下游紧密合作的创新联合体，促进产学研融通创新，加快科技成果向现实生产力转化"。①以重大场景为牵引，促进创新链和产业链的融合，加速前沿技术的迭代升级，着力打造非对称优势和技术长板，高效配置科技力量和创新资源，充分发挥市场规模、应用场景、新型基础设施等优势，促进关键技术研发，塑造战略势差。围绕国家发展和安全的重大应用场景凝练关键科技问题，形成以场景带动科研攻关、成果转化和产业培育的新模式，加快打造新的经济增长点。

要加强高质量科技成果的源头供给，加快部署一批牵引未来经济增长的重大科技项目、重大科技工程、重大新型基础设施。围绕国家需求，精准识别和投资具有战略意义和使命导向的重大源头技术、前沿技术、未来技术，鼓励产业界、社会资本广泛参与。面向碳达峰碳中和、健康中国、乡村振兴、制造强国、交通强国等重大战略需求，为新一代信息技术、人工智能技术、区块链、元宇宙等大规模示范应用提供场景机会，创造领先市场，打造一批具有国际竞争力的先进产业集群。加快云服务、算力网、数据中心等新型基础设施建设。瞄准未来社会形态，加强重大场景综合创新试验，建立新经济"监管沙盒"机制，营造包容开放的创新生态环境。结合"一带一路"建设，发展全产业链合作方式，推动北斗导航、高铁、核能、超算中心等先

---

① 习近平主持召开新时代推动中部地区崛起座谈会强调：在更高起点上扎实推动中部地区崛起［N］.人民日报，2024-03-21（1）.

进技术和重大装备"走出去"。

（五）推动建设支持全面创新的基础制度

发展新质生产力，既是发展命题，也是改革命题。发展新质生产力，关键是通过体制机制创新，以技术革命性突破和生产要素创新性配置推动产业深度转型升级为新质生产力发展的主导路径。以更高素质劳动者、更高技术含量劳动资料、更广泛的劳动对象为生产力跃升的重要驱动因素，以教育、科技、人才一体化发展畅通新质生产力发展堵点、卡点。

要在风险期主动把握战略机遇，系统布局"补短板"和"扬长板"，将"集中力量办大事"与"激发全社会创新创造活力"有机结合，以长期主义和"超越竞争"促进各类创新要素的新组合和合理流动。

在中央科技委员会的领导下，建立国家战略科技任务的决策指挥体系，强化跨领域、跨部门、跨地区的统筹协调能力，推动军民科技融合，强化人力、物力、财力的统一部署、集中调配。强化国家战略科技力量在国家创新体系中的功能定位与使命担当，建立国家实验室、国家科研机构、高水平研究型大学、科技领军企业高效协同攻关机制，形成定位明确、分工合理、任务衔接的格局。用好超大规模市场和丰富应用场景优势，促进科技成果的有效推广应用和迭代升级。充分发挥市场机制调动全社会各方面力量的基础性手段作用，引导企业和社会资金聚焦国家战略目标，通过激发市场需求引领创新资源有效配置，提升全社会的创新活力。

（六）重视培育和推广中国式创新文化

创新是民族进步之魂、动力之源，面向科技强国建设和中国式现代化，要挖掘、打磨和培育符合时代特征的、具有传统文化基因的中国式创新文化，塑造和引领新时代的创新观念，形成新时代的创新路径。

要继承和发扬中华民族创新传统和创新文化，积极打造文化创新、科技向善的社会环境，推动文化科学化、科技文明化。要大力弘扬科学精神和科学家精神，重视创新教育，提高科学家的形象和社会地位，加强青少年科学思维和创新精神教育，培育一代人的科学精神和创新观念。要充分发挥"高手在民间"的作用，重视民间发明，保护民间专利，显化发明收益，为天才之火浇上利益之油，让更多贴近民生的创新点子、实用发明得到传播、认可和尊重，形成"我爱发明"新文化。要充分发扬匠人精神和企业家精神，营造开拓进取、精益求精、追求卓越的创新创业氛围，完善市场投融资机制，大胆试验和创新科研组织模式，以市场自发迭代和演进形成"我想发明"新生态。要加强培育青少年敢于质疑、打破常规、不迷信权威的品质，加大科普书籍、影像等制作推广力度，提高科学家的大师形象与社会地位，示范带动下一代对科学和创新的浓厚兴趣，形成"我敢发明"新思潮。

系统谋划科技创新赋能新质生产力

坚持党对科技事业的全面领导，贯彻新发展理念，构建新发展格局，以科技创新催生新发展动能，以高水平科技自立自强维护产业链、供应链安全稳定，以科技创新支撑高质量发展，推动我国社会生产力水平实现整体跃升。

（一）我国科技创新赋能新质生产力的优势和短板

当前，我国科技创新发展正处于重要的跃升期和机遇窗口期，打造非对称优势，有利于在新一轮科技革命和产业变革中，充分利用自身结构性优势和资源禀赋，抓住战略机遇，掌握新一轮全球科技竞争的战略主动权。

一是市场和技术应用场景优势。市场是全球最稀缺的资源，我国庞大的市场规模、中产阶级人口以及愿意尝试新鲜事物的社会氛围，为新技术的应用提供了场景优势。近年来，我国在信息、通信、互联网领域不仅完成了超大规模的全民普及和接近全消费场景的覆盖，形成了全球最大的电子商务网络和极具扩展性的社交网络，还积累了庞大的数字技术使用人群，基本完成了消费端的数据化迁移。而人工智能、区块链、自动驾驶等新兴技术均需要海量数据的研发支撑。以人工智能为例，美国在基础层和技术层，如算法、芯片设计等方面更有优势，而中国由于可以获得美国无法比拟的海量数据，在应用层则越来越具有竞争优势。

二是低成本创新和高素质劳动力优势。我国虽然低成本劳动力的优势正在消失，但高质量人才的数量却日益增加。从高素质劳动力资源来看，我国每年新毕业的大学生群体为七八百万人，而且工资水平相对较低，这大大降低了创新成本，尤其为需要大量普通研究者的集成式创新、应用式创新提供了巨大的优势。据统计，我国每年大学毕业生数量已超过了美国和欧盟，其中约有40%的中国学生毕业于科学、技术、工程和数学等专业。

三是在部分技术领域的新型举国体制优势。中国实行的社会主义市场经济体制把政府的引导作用和市场配置资源的决定性作用有机地结合起来，可以有效避免计划失灵和市场失灵。在科技领域，面向经济产业发展和社会民生的科技供给需求主要依靠市场竞争机制和企业主体力量；面向国家重大需求和国家安全的科技供给则主要依靠新型举国体制，发挥"集中力量办大事"的制度优势。我国的新冠疫情防控之所以成效显著，一个至关重要的因素是针对这次重大公共卫生突发事件采用了新型举国体制，发挥了科技力量在抗疫中的关键作用。我国规划先行与顶层设计优先的科技制度，不仅可以以整体带动局部，以系统效能提升部分功能，还可以保证制度的连续性，形成近期与长远目标相结合的组合优势。

当前，加快发展以科技创新为核心要素的新质生产力还存在一些短板和挑战。一是科技经济全链条一体化部署不够，以科技创新为核心的全面创新格局还未形成，对新规则和新赛场变化的战略应对能力不足，科技、财政、审计、金融、市场等政策不衔接。科技创新资源配置结构不够合理，尚未实现全国"一盘棋"，整体效率有待提升。二是促进创新的市场原动力作用发挥不够，保护和激励创新的产权和市场制度不够健全，创新要素跨行业、跨领域、跨区域自由流动还存在障碍。高端创新资源向企业集聚不够，科技领军企业国际竞争力和科技前沿引领带动能力不足，抓创新、探前沿、谋长远的动力不足。三是科技创新成果向新质生产力转化的渠道存在阻碍，有利于支撑实体经济、构筑先发优势的重大科技创新成果供给仍显不足，推动新技术市场化应用的激励政策和监管政策存在不完善和滞后，围绕创新全链条的金融支持系统设计不足。四是科技人才队伍质量难以支撑现代化强国建设，以创新质量、贡献、绩效为导向的科技评价体系尚未完全建立，迫切需要提高人才供给自主可控能力。全社会创新氛围不够浓厚，自信自立、敢为人先的创新文化建设有待加强。就科技创新赋能来说，存在以下几个方面的问题。

1. 基础研究投入相对不足，资金来源结构单一

我国科技经费的迅速增加为建设创新型国家提供了有力支撑，但是在研发经费投入强度和基础研究经费占比等方面，与全球科技领先国家的标准相比，仍有一定的差距。全球来看，我国基础研究投入总量仍不足，限制原创性成果产出，影响新质生产力的形成和发展。1991—2020年，30年间我国基础研究累计投入不足美国的1/12，不足日本的1/3。其中，2020年，我国的基础研究投入约为美国的1/5，与日本投入相当。2022年，我国的基础研究投入强度为6.3%，法国、新加坡和意大利的基础研究投入强度都超过了20%，英国和美国均超过了15%，差距仍较为明显。[①]

同时，我国基础研究经费来源结构单一，政府财政支持占基础研究总经费的比例达98%，而美国在2009—2019年，社会捐赠对基础研究的投入都达到了科研总投入的50%以上，我国缺乏基础研究的捐赠和资助途径，限制了社会力量对基础研究的投入和支持。企业基

---

① 张立群.持之以恒加强基础研究[N].光明日报，2023-09-07（1）.

础研究经费来源结构单一，主要来源是企业资金，2020年企业研发经费支出的96.6%来源于企业资金；企业内部基础研究支出较少，主要投在试验发展环节，2020年企业基础研究支出在全国基础研究支出中仅占6.52%。[①][②]科研机构和高校面临资源分配不均的问题，导致基础研究的开展受限，产学研合作存在机制不健全、信息不对称等问题。社会对基础研究重要性的认知不足，社会资本和非营利性组织的参与度不高。我们必须持续加大全社会的研发经费投入，为新质生产力的培育和增长提供坚实的基础。

2. 现有科研评价机制与面向新质生产力发展所需的机制不适配

我国科研评价体系存在一定问题，急需进行改革和优化，建立更加科学、合理和多元化的评价标准，鼓励科研人员从事基础研究和面向国家战略需求的创新活动，促进新质生产力发展。长期以来，我国科研评价体系过分强调论文发表数量和影响因子，导致科研人员更多关注发表高影响因子的论文，而非真正解决国家需求和实际问题，科研活动与国家战略需求和产业发展脱节。基础研究成果的评价与应用研究混淆，现行的评价体系不利于跨学科研究和颠覆性技术的产生。科研活动缺乏长远规划和战略布局，导致科研资源分散、科研选题与国家需求脱节。科技界需要转变思想观念和价值观，担国家责，做国家事。改革评价机制，打破"四唯"评价，面向新质生产力，突出解

---

① 吴杨.中美两国基础研究社会捐赠比较及对我国的启示［J］.科技进步与对策，2023，40（3）：10—20.
② 薛姝，张明喜.我国企业基础研究支出分析及建议［J］.科技中国，2022（5）：1—4.

决难题和实际贡献。①

3. 以国家战略科技力量牵引发展新质生产力尚未明确提出

国家战略科技力量是基础研究成果转化为实际应用和生产力的关键力量，是加强科技"源头"供给、融合创新的重要助推器，为发展新质生产力提供体系化动能。新质生产力的形成是一个复杂的系统工程，以国家战略科技力量牵引发展新质生产力尚未明确提出。战略科技力量多元化创新动机、复杂化创新活动、丰富化创新手段、场景化创新需求未得到满足，需要突破科技成果转化的制约瓶颈。对国家战略科技力量的研究缺乏针对性框架与适切性方法，理论清晰度有待提升，理论路径缺乏针对性，致使本领域科学研究成果与国家重大需求之间不断累积错位性"张力"。在将场景核心企业的先导能力进一步转化为体系完整的先导性创新能力、强化国家创新体系的前瞻性和引领性等方面，缺乏相应的大跨度、成体系的研究。

4. 企业创新主体地位没有落到实处

企业在创新中的主体作用对促进新质生产力的健康发展至关重要。目前的研究暂未形成全局视野下的创新链分析，既有的研究多从传统科研主体的视角出发，忽视了由企业主导的创新模式的重要性与其在创新链中的作用，对如何有效地推动多元创新主体间的跨边界协同和异质性创新资源的互补互通的研究不足。② 产学研合作领域，企

---

① 刘庆龄，曾立. 战略性基础研究的理论模型和实践策略构建［J］. 中国科技论坛，2023（5）：9—19.
② 金杰，赵旭，赵子健. 市场环境对高校基础研究向企业应用研究转化的影响力研究［J］. 上海交通大学学报（哲学社会科学版），2018，26（3）：33—44.

业开展基础研究的效果不佳,目前我国校企合作尚未形成有效且内生的机制和模式,普遍缺乏规范性和长远性的规划。① 企业在开发和应用先进制造技术方面临着基础研究支持不足的问题,导致技术研发和应用进程缓慢。在数字化浪潮推动下,企业需要探索创新组织变革和商业模式,重塑科研生态。② 传统企业相对更倾向于追求短期效益,关注"短平快"的研发项目,而对需要长期投入、回报周期较长的基础研究重视不够,且企业层级结构和职责划分相对固定,在一定程度上限制了员工的创新思维和探索精神。

5. 发展新质生产力所需的新质人才培养面临诸多挑战

加快发展新质生产力,要做原创性基础研究,需要加强拔尖创新人才培养。我国现行的教育体系重视知识的传授,而忽略了对学生探索能力的培养,导致学生科学素养不高、创新意识较弱。基础研究的创新来源于不同学科的交叉和融合,但跨学科人才培养面临管理、资源配置和评价机制上的多重冲突。③ 基础研究的拔尖创新人才短缺,目前培养能够产出原创性、交叉性和颠覆性成果的拔尖创新人才面临诸多挑战。④ 科研人员和科研机构面临的评估体系存在问题,过分强调数量化指标和短期成就,且评估周期过短,不利于激发科研人员的创新动力。国家对基础研究的保障和激励不足,从事基础研究的人员整体薪酬水平不高,缺少将研究成果转化为实际收益的途径和其他收

---

① 王凡,张安达,何颖.我国企业开展基础研究的现状、存在问题与几点思考[J].科技中国,2024(2):38—41.
② 丁明磊.科技领军企业数字化转型的战略意义.国家治理[J].2021(48):31—33.
③ 侯剑华,郑碧丽,李文婧.基础研究支撑教育、科技、人才"三位一体"发展战略探讨[J].中国科学基金,2024,38(2):238—247.
④ 姬晓婷.推动新质生产力需要基础研究储备[N].中国电子报,2024-03-12(3).

入来源，面临压力大、支持少、发展空间有限等问题。[①] 我国基础研究人才培养机制缺乏科学性、系统性的规划，尚不能满足基础研究发展的需求。基础研究人才的数量和水平均与发达国家差距较大，2021年我国每万名就业人员中研发人员数量为77人，明显少于日本的136人、韩国的215人。全球最具人才竞争力国家排名前三的分别是瑞士、新加坡和美国，而我国人才竞争力排在第40位。[②]

建立创新驱动的经济发展模式，向科技创新要新质生产力，需要坚持问题导向，把握科技革命和产业变革的历史经验、发展规律与新趋势，围绕我国经济发展、社会进步的新形势和重大需求进行全局性谋划。一是要注重以科技创新为核心的全面创新。充分发挥科技创新对放大各要素生产力的乘数效应，为发展方式转变、动力转换和结构优化提供动力，走出一条创新驱动发展的新路。二是要注重促进创新供给与有效激发创新需求相结合。既要加强科技创新的研发及应用，不断提高创新产品供给；又要加强需求引导，清除市场障碍，为新技术、新产品的应用创造更加广阔的市场空间。三是要注重塑造领先的创新制度。培育壮大经营主体，激发市场活力和社会创造力，使整个经济肌体充满生机活力。四是要注重人才驱动。要把人的发展作为创新驱动发展的出发点和落脚点，让一切劳动、知识、技术、管理、资本的活力竞相迸发。

---

① 薛姝，张文霞，何光喜.从科研人员角度看当前我国基础研究存在的问题[J].科技中国，2021（10）：1—4.
② 李美桂，李壮壮.我国基础研究人才队伍建设：成效、问题及建议[J].科技中国，2024（2）：42—47.

（二）多措并举瞄准重点加紧部署

改革开放以来，我国较好地利用了后发优势，通过要素和投资驱动，实现了经济的高速增长。但随着发展阶段和发展水平的不断提升，我们利用后发优势的空间日益缩小，传统投入要素的边际效益日益递减，迫切需要在继续用足用好后发优势的同时，依靠科技创新创造新的竞争优势，建立以创新驱动为核心的新发展模式：一方面提升传统要素的配置效率和质量；另一方面通过数据等新要素的高效组合，积极塑造领先产品、领先产业和领先市场等先发优势，加快形成新质生产力，为经济增长拓展新的战略空间。

注重前瞻谋划把握战略机遇。要在风险期主动把握战略机遇，系统布局"补短板"和"扬长板"，将"集中力量办大事"与"激发全社会创新创造活力"有机结合，以长期主义和战略需求引领促进各类创新要素的新组合和合理流动。

注重形成支持全面创新的基础制度。充分发挥科技创新对放大各种要素生产力的乘数效应，健全新型举国体制，聚焦主体协同、要素配置、激励约束、开放安全等方面的突出问题，补齐制度短板，分类加强制度设计、集成和衔接。

注重先进科技创新成果的转化应用。充分发挥市场规模、应用场景、新型基础设施等优势，促进关键技术产品研发和产业化，加速未来产业孵化、孕育和成长，激发市场活力和社会创造力。以重大场景为牵引，加速前沿技术的迭代升级，加快打造新的经济增长点。

注重创新驱动与人才驱动的同频共振。新质生产力是把人才红利注入创新驱动高质量发展的进程。要把人的发展作为创新驱动发展的出发点和落脚点,让一切劳动、知识、技术、管理、资本的活力竞相迸发。

(三)新时期纵深推进科技创新体系建设

1. 加快培育数据、技术要素市场体系

探索数据和技术要素市场化改革新路径。健全技术产权、价值评估、流转交易、价值担保、诚信监督等机制,建设互联互通的数据与技术要素交易网络。加快推进数据要素市场化建设,完善数据确权的法律框架,探索建立数据资源产权等基础制度和标准规范,建立健全数据安全、权利保护、跨境传输管理、交易流通、开放共享、安全认证等基础制度和标准规范,建立和完善数据要素的分配机制、市场监管与资产管理办法,促进技术和数据要素流通并与资本等要素深度融合,实现科技创新链条和金融资本链条的有机结合。

2. 构建基础研究、应用基础研究、前沿技术融通发展的科研组织体系

鼓励大学、科研院所与龙头骨干企业建设联合实验室,以战略科学家与顶尖领军人才团队为支撑,引进建设一批高水平创新研究院和新型研发机构,重点强化学科交叉融合和技术领域集成创新,促进重大基础研究成果产业化,构建由国家目标牵引的跨学科、大协同创新攻关组织模式。进一步在要素的全方位融合上下功夫,有效提升创新资源整合能力,着力提升原始创新能力、基础研究工程化能力、技术研发系统性布局能力,进一步提升发现和布局未来产业竞争新领域、

新赛道，支撑关键共性技术研发的体制机制和组织模式，适应产业技术重大创新要求，加大力度培育一批掌握核心技术、原始创新能力强的科技领军企业，引导和推进领军企业牵头组建体系化、任务型的创新联合体，探索深化产学研合作的组织机制和模式。加强科技基础能力建设，超前部署新型科研信息化基础平台和科学数据中心建设，推进科技资源开放共享的标准化和数字化。

3. 着力推动国家战略需求牵引的科技供给体系

强化国家战略科技力量，优化配置创新资源，优化国家科研机构、高水平研究型大学、科技领军企业定位和布局，形成国家实验室体系。健全社会主义市场经济条件下关键核心技术攻关的新型举国体制，坚持问题导向，聚焦重大科研，把政府、市场、社会有机地结合起来，科学统筹、集中力量、优化机制、协同攻关，着力解决制约国家发展和安全的重大难题，高水准实施一批重大攻关项目，提升成果质量，强化科技成果源头供给。改革重大科技项目立项和组织管理方式，有力有序推进"揭榜挂帅""赛马"等制度。

4. 加快创新链、产业链、资金链、人才链"四链"深度融合的科技成果转化和产业化体系建设

积极搭建科教对接、产教对接、校企对接的综合性协同创新平台，深化协同机制，继续探索有利于各项创新要素进一步流动的措施，带动人才、知识、技术、资本、数据等创新要素跨区域、跨行业高效融合。强化企业科技创新主体地位，支持科技领军企业牵头的创新联合体构建需求对接、协同攻关、应用验证、资源共享平台，提升

基础研究、技术研发、人才培养、项目培育、市场转化等综合集成功能，发挥其作为科技创新"出题人""答题人""阅卷人"的作用。不断提高科技成果转化和产业化水平，依托已有发展基础，结合新一代平台及基地建设，着力推进科技成果商品化、产业化，完善金融支持科技创新体系，切实提升科技创新对经济社会发展的动力源作用。

第二篇
培育新质生产力
打造高质量发展新优势

第三章

加快实现高水平科技自立自强

实现高水平科技自立自强是培育新质生产力的前提和基础，只有在前沿科技领域、战略必争科技领域实现关键核心技术的自主可控，实现科技全面高水平自立自强，才能筑牢新质生产力的根基，推动新质生产力加快发展，促进国家战略竞争力、社会生产力、科技创新力不断提升。

高水平科技自立自强的内涵

习近平总书记在中共中央政治局第十一次集体学习时强调，科技创新能够催生新产业、新模式、新动能，是发展新质生产力的核心要素。必须加强科技创新特别是原创性、颠覆性科技创新，加快实现高水平科技自立自强，打好关键核心技术攻坚战，使原创性、颠覆性科技创新成果竞相涌现，培育发展新质生产力的新动能。[①] 新质生产力

---

① 习近平在中共中央政治局第十一次集体学习时强调：加快发展新质生产力 扎实推进高质量发展［N］.人民日报，2024-02-02（1）.

的本质就是要形成科技含量高的生产力，从现阶段我国面临的国内国际科技形势来看，要是没有高水平的科技自立自强，即使形成了新质生产力，那也是空中楼阁、根基不牢。一方面，我们必须实现高水平科技自立自强，在此基础上才能培育新质生产力。另一方面，实现高水平科技自立自强是我国现阶段科技政策的立足点和主要方向，只有深入了解高水平科技自立自强的内涵要义，才能更好地推动我国科技和产业发展。

（一）高水平科技自立自强理论的历史发展

如何理解高水平科技自立自强的内涵，首先必须梳理科技自立自强、高水平科技自立自强的理论脉络。高水平科技自立自强是党中央提出的一项重大战略。2020年10月，习近平总书记在党的十九届五中全会首次明确指出，坚持创新在我国现代化建设全局中的核心地位，把科技自立自强作为国家发展的战略支撑，面向世界科技前沿、面向经济主战场、面向国家重大需求、面向人民生命健康，深入实施科教兴国战略、人才强国战略、创新驱动发展战略，完善国家创新体系，加快建设科技强国。2021年1月，习近平总书记在省部级主要领导干部学习贯彻党的十九届五中全会精神专题研讨班上发表重要讲话，指出构建新发展格局最本质的特征是实现高水平的自立自强。此次讲话是第一次提出"高水平"。2021年5月，习近平总书记在两院院士大会、中国科协第十次全国代表大会上强调，"坚持把科技自立自强作为国家发展的战略支撑，立足新发展阶段、贯彻新发展理念、构建新发展格局、推动高质量发展""深入实施科教兴国战略、人才强国战略、创新驱动发展战略""加快建设科技强国，实现高水平科技自立自强""我国广大科技工作者要以与时俱进的精神、革故鼎新的勇气、坚忍不拔的定力，面向世界科技前沿、面向经济主战场、面向国家重大需求、面向人民生命健康，把握大势、抢占先机，直面问题、迎难而上，肩负起时代赋予的重任，努力实现高水平科技自立自强"[1]。2022年10月，党的二十大报告中指出，教育、科技、人才是全面建设社会主义现代化国家的基础性、战略性支撑，要坚持教育优先发展、科技自立自强、人才引领驱动。在目标上，党的二十大报告指出，到2035年，实现高水平科技自立自强，进入创新型国家前列，建成科技强国。

（二）高水平科技自立自强的历史逻辑

从历史维度回顾，高水平科技自立自强与自力更生、自主创新等战略一脉相承。新中国的科技进步史就是一部自立自强的历史。[2]我国在不同历史阶段，根据国际国内形势的变化，提出向科学进军、科学技术是第一生产力、科教兴国、自主创新、创新驱动发展等战略。在中华人民共和国刚成立，百废待兴的阶段，1956年，我国提出了要自力更生、艰苦奋斗，向科学进军的口号。毛泽东1963年在《不搞科学技术，生产力无法提高》中提出，科学技术这一仗，一定要

---

[1] 习近平在两院院士大会、中国科协第十次全国代表大会上的讲话[EB].央视新闻，2021-05-28.
[2] 王志刚.坚持把科技自立自强作为国家发展的战略支撑[J].旗帜，2020（12）：11—13.

打,而且必须打好,不搞科学技术,生产力无法提高。[1] 科技体系初步建立,科技人才队伍逐步组建。邓小平在《我们的宏伟目标和根本政策》中提出,经验证明,关起门来搞建设是不能成功的,中国的发展离不开世界。[2] 当然,像中国这样大的国家搞建设,不靠自己不行,主要靠自己,这叫作自力更生。1978年,第一届全国科技大会在北京人民大会堂隆重举行,邓小平明确而深刻地阐述了"科学技术是生产力"[3]。1995年,中共中央、国务院做出《关于加速科学技术进步的决定》,正式提出科教兴国战略。中华人民共和国成立以来,经过多年发展,我国科技事业从一穷二白到取得"两弹一星"、世界上第一个人工蛋白——结晶牛胰岛素、杂交水稻、第一台计算机等一系列举世瞩目的科技成就,极大地增强了我国的综合国力,提高了我国的国际地位,振奋了我们的民族精神。

党的十七大明确提出"提高自主创新能力,建设创新型国家"。我国提出要自主创新,不能依赖"技术换市场"的模式,必须充分重视我国自主研发能力的建设。当时,我国自主创新能力较弱,企业核心竞争力不强,经济效益有待提高。国内存在两种声音。一种是我国不需要搞自主创新,在经济全球化的时代,可以通过引进国外先进技术,发展国内科技和产业,假如靠自身发展科技,需要投入太多成本并且进展缓慢,不如直接引进技术。另一种是我国必须搞自主创新,当下我们可以买到国外技术,但是核心技术会永远受制于人,并且不利于提升科技基础实力。在此背景下,党中央经过深思熟虑,高瞻

---

[1] 中共中央文献研究室. 毛泽东文集(第8卷)[M]. 北京:人民出版社,1999.
[2] 经验证明,关起门来搞建设是不能成功的,中国的发展离不开世界[EB]. 人民网,2012-12-03.
[3] 百年瞬间 | 1978年全国科学大会[EB]. 央视新闻,2021-03-28.

远瞩，做出了重大战略决策，2006年的全国科技大会提出自主创新、建设创新型国家战略，发布《国家中长期科学和技术发展规划纲要（2006—2020年）》，其中指出，改革开放20多年来，我国引进了大量技术和装备，对提高产业技术水平、促进经济发展起到了重要作用。但是，必须清醒地看到，只引进而不注重技术的消化吸收和再创新，势必会削弱自主研究开发的能力，拉大与世界先进水平的差距。文件将自主创新作为重要指导方针，提出自主创新，就是从增强国家创新能力出发，加强原始创新、集成创新和引进消化吸收再创新[①]。其中，"自主创新"这一方针的提出更是经过2 000多名科学家、经济学家和企业家一年多的战略研究、讨论和反复论证。这在当时对我国科技发展的主要思路进行了定调，开启了我国科技自主发展的新篇章，为我国打造自己的科技产业体系奠定了良好的基础。

党的十八大以来，以习近平同志为核心的党中央高度重视科技创新，明确提出科技创新是提高社会生产力和综合国力的战略支撑，必须摆在国家发展全局的核心位置，强调要坚持走中国特色自主创新道路、实施创新驱动发展战略。通过深入实施创新驱动发展战略，我国科技事业取得了重大进步。现阶段，国内外形势又发生了剧烈变化，我们的科技政策必须根据形势进行及时调整变化，党的十九届五中全会提出"科技自立自强"。从全球看，百年未有之大变局加速演进，国际力量对比深刻调整，地区局部冲突此起彼伏，新一轮科技革命和产业变革深入发展，全球科技竞争越发激烈。特别是美国对我国科技开展无端限制，将我国大量企业和机构列入实体清单，限制我国科技

---

① 《国家中长期科学和技术发展规划纲要（2006—2020年）》，中华人民共和国国务院，2006年第9号。

发展，企图将我国科技和产业锁定在低端。从国内情况看，我国人民对美好生活向往的需求不断提升，高质量发展急需科技创新支撑，以科技创新引领现代化产业体系建设。在此背景下，实现高水平科技自立自强不仅是我国未来科技发展的必由之路，是我国如期实现中国式现代化的基础，也是我国抢占未来科技制高点，能够在未来世界立足的必然选择。

（三）高水平科技自立自强的理论内涵

学界对科技自立自强的内涵有不同的看法，国务院发展研究中心课题组认为，科技自立自强，是指在开放条件下持续增强自主创新能力，提升科学技术水平，满足经济、社会、国防等方面高质量发展和人民美好生活需要，实现科技发展由量到质的跃升，在世界科技发展中达到领先水平、形成有效支撑，确保产业链、供应链安全，为全面建成社会主义现代化强国提供长期可持续的科技支撑。[1]中国宏观经济研究院决策咨询部战略政策室盛朝迅认为，高水平科技自立自强是对我国科技发展水平、发展能力、发展位势、发展模式的一种阐释，是对我国在全球科技竞争与合作中所具备能力水平、相对位置和状态的一种定性描述，是"高水平""自立""自强"三者的有机统一。[2]江苏省习近平新时代中国特色社会主义思想研究中心特约研究员亓光认为，高水平科技自立自强是一个系统工程，只有遵循科技创新

---

[1] 国务院发展研究中心课题组.科技自立自强：体制与政策[M].北京：中国发展出版社，2023.
[2] 盛朝迅.高水平科技自立自强的内涵特征、评价指标与实现路径[J].改革，2024（1）：40—50.

的基本规律，彰显自力更生、自主创新的本质要求，整体推进教育、科技、人才建设，科技自立自强才能真正成为国家发展的战略支撑。①

综合上述研究，高水平科技自立自强应该从三个维度来理解，高水平、科技自立和科技自强。高水平就是我国科技整体实力和重点领域的科技发展水平要处于世界领先。一是整体的科技实力要达到世界前列，包括科技发展的各项指标、科技支撑社会经济发展的各项指标都要达到世界前列。二是在重点科技领域，包括信息技术、新能源、生物技术等，我国都要有全球领先的研发能力，各类原创性成果要高质量、高水准。三是在重点的行业领域，包括制造业、服务业等国民经济各领域，我国的科技能力都要处于世界领先水平。科技自立，就是假如在国际形势变化、各类风险挑战出现的时候，我国的科技发展能够持续不受影响，科技能够支撑国民经济发展，保障国家可持续发展。科技自立最基本的要求就是关键核心技术我们能够自主可控，要做到关键的原材料、元器件、基础软硬件、设备等科技基础自主可控。要能独立自主开展技术研发，对已有关键设施有运行保障能力，确保能用，不掉链子。科技自强，就是在国际国内环境变化之下，即使世界局势发生重大变化，我们也能够守住底线，具有不断升级、不断进步的能力。科技自身能够在这种情况下不断发展升级，各类技术能够不断迭代发展，各类产品能够不断优化，且在全球处于领先地位。同时，科技能够支撑国民经济不断发展。理解了高水平科技自立自强的三个维度后，我们用一句话来总结它的内涵，高水平科技自立

---

① 亓光.系统把握高水平科技自立自强的深刻内涵[N].光明日报.2023-06-14（6）.

自强就是我国拥有自主发展科技的能力，科技发展水平能够持续保持全球领先，科技能够持续支撑我国成为现代化强国。

高水平科技自立自强的标志

高水平科技自立自强的标志，需要从三个维度来理解。一是从结果的维度，科技自身实现高水平自立自强，即在技术的先进性、产品实力等体现科技直观结果的维度，我国的科技发展需要达到什么水平。二是从科技包含的各个要素的维度，比如，我国科技的投入达到了什么水平，我国科技人才队伍的情况应该是什么样的，我国科技基础设施的情况应该是什么样的。这个维度可以理解成过程和前提，我们具备了这些要素，但是严格意义上来说，我们并不能绝对实现高水平科技自立自强，没有投入就没有产出，我们必须做好科技方方面面的工作，打好基础，才可能实现高水平科技自立自强。三是科技支撑经济社会发展，即实现高水平科技自立自强后，我们的经济社会发展是什么面貌，创新驱动发展、科技驱动型产业是怎么样的。

（一）从科技成果的角度来看

第一个是从科技成果的维度，主要的标志是关键核心技术自主可控、原创成果世界领先、前沿技术占据世界制高点。

一是关键核心技术自主可控。这是高水平科技自立自强实现自立的首要条件。我们要实现在国民经济发展的重点领域相关的关键技术中做到自主可控。制造业是科技创新的主战场,也是实现关键核心技术自主可控的主阵地。我们要确保制造业中的关键基础材料、核心基础零部件(元器件)、先进基础工艺和产业技术基础等自主可控,确保重点产业链、供应链安全可控。除了基础的材料和零部件,我们的高档数控机床、精密制造设备等工业母机必须实现国产自主可控。软件方面,工业软件包括计算机辅助设计(CAD)、计算机辅助制造(CAM)、计算机辅助工程(CAE)等必须实现国产自主可控。以集成电路产业为例,我国在设计、制造、封装测试等全产业链必须做到自主可控。设计方面涉及电子设计自动化(EDA),制造方面涉及制造设备如光刻机,相关耗材如光刻胶,封装测试涉及自动化设备等。此外,在关键核心技术自主可控方面,如今的全球化时代,并不是要求我们对所有的技术都能做到自主,而是要求我们具有非对称优势和战略制衡能力,具备在极端情况下,面对科技打压可以短时间补齐短板,实现关键技术和产品的自我供给的能力。

二是科技原创成果世界领先。科技原创成果包括基础研究成果,例如新的科学发现、新的理论突破等;新的技术发明,包括新的材料、新的工艺、新的设备等。高水平科技自立自强要求我们引领全球基础研究,在物理学、化学、生物学、医学、工程学等领域的基础研究中处于全球第一梯队,科技论文、专利等成果无论是数量还是质量都要全球领先。学界认为如果在某段时期,一个国家的科学成果数量占同期全世界总量超过25%,则这个国家就被称为世界科学中心,而这段时期就被称为科学兴隆期(汤浅光朝,1962年)。目前,我国论文、专利数量已在全球前列。根据中国科学技术信息研究所发布的

《2023中国科技论文统计报告》，中国在各学科涵盖的最具影响力期刊上发表的论文数量达到了16 349篇，占世界总量的30.3%。根据中国国家知识产权局数据，截至2023年底，中国发明专利有效量为499.1万件，其中，中国境内（不含港澳台）发明专利有效量为401.5万件，成为世界上首个国内有效发明专利数量突破400万件的国家。根据世界知识产权组织2023年发布的《世界知识产权指标》年度报告，约85%的专利申请发生在中国、美国、日本、韩国和欧洲，中国占世界总量的46.8%。从上述数据可以看到，我国的科技论文和专利的数量已经达到全球领先水平，但实现高水平科技自立自强还要求我国在质量上有进一步的提升，要具备源源不断的高水平的科技论文和高质量的专利。

三是前沿技术占据世界领先地位。高水平科技自立自强要求我国有先进的前沿技术，并具备不断升级的能力。具体直观表现在科技类的重大产品、服务全球领先。例如，在重大科技产品方面，我国的智能手机性能全球领先，智能和新能源汽车引领全球发展，医疗技术在全球领先，太空探索能力位于全球前列等。在服务方面，有最先进的生活服务设施，最便利的出行、通信、医疗服务。同时，能够不断开拓新的技术，如制造技术、通信技术、数字技术等全球领先，我国还持续探索地球未知领域，向深海、深空、深地进军，不断拓展人类对自然的认知，探索技术边界。

（二）从科技要素的维度来看

第二个是从科技要素的维度。科技发展要素包括科技投入强度、战略科技力量的多寡和实力（国家实验室、国家科研机构、高水平研究型大学、科技领军企业）、科技人才队伍情况、科技基础设施、科技期刊，也包括科技政策环境、文化环境、开放环境等环境。实现高水平科技自立自强，前提就是要加大科技要素的投入力度，具备良好的基础条件，也就是说，当实现了高水平科技自立自强时，科技要素的维度具备哪些特征和标志。

一是科技投入强度达到创新型国家前列水平。没有投入就没有产出，科技投入是一个厚积薄发的过程。可以看到，历史上的科技强国无一不是持续地进行科技投入，当积累到一定程度时才能让科技成果迸发涌现。要实现高水平科技自立自强，从要素投入的过程角度来看，必须有较高的科技投入强度，达到世界创新型国家前列的水平。改革开放以来，我国研究与试验发展（R&D）经费投入继续保持较快增长，投入强度持续提升，投入总量已位居全球第二，但投入强度与位于创新型国家前列者还有较大差距。2022年，全国共投入研究与试验发展经费30 782.9亿元，比上年增加2 826.6亿元，增长10.1%；研究与试验发展经费投入强度（与国内生产总值之比）为2.54%，比上年提高0.11个百分点。[①] 我国全社会研究与试验发展经费支出从2012年的10 298亿元增加至2022年的30 783亿元，增长了近两倍，年均增速达到12.9%。与创新型国家相比，我国研究与试验发展经费投入强度的2.54%与美国的3.44%还有较大差距，也未达到OECD（经济合作与发展组织）成员2.72%的平均水平（见图3-1）。

---

① 《2022年全国科技经费投入统计公报》，国家统计局、科学技术部、财政部，2023年9月18日。

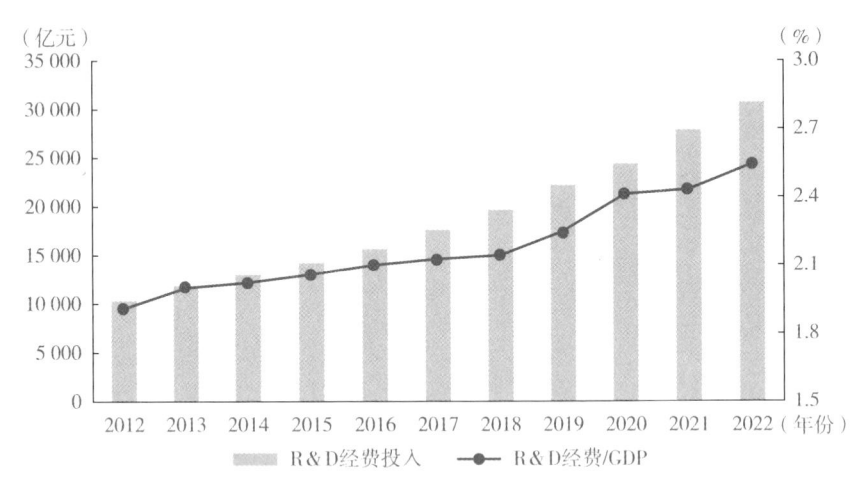

图 3-1　我国研究与试验发展经费投入与强度（2012—2022 年）

二是战略科技力量的数量和实力要位居全球前列。全球知名、具备高影响力的国家实验室在我国整体科技创新中发挥着中流砥柱的作用。基础研究和应用基础研究同步推进，为产业发展提供源源不断的原创性成果，在大国科技博弈中能够提供强大的支撑。拥有一批攻关能力强的国家科研机构，开展基础性、战略性、前瞻性和综合性的科研工作，特别是有较强的科技成果转化能力，为产业发展提供科技支撑，推进技术转移，促进科技成果转化与产业化。拥有一大批世界一流的科技领军企业。企业是科技创新的主体、研发投入的主体、科研组织的主体、成果转化的主体。先进的技术、领先的科技产品无一不是从企业中诞生的。世界科技强国的比拼，很多时候比的就是科技领军企业。所以，实现高水平科技自立自强必须有一大批世界一流企业，而且在各个领域，都要有大型科技龙头企业，在细分领域，要有一大批科技"隐形冠军"。世界科技企业百强的数量要位居全球前列，企业研发经费投入和占比要达到先进水平。有一大批高水平研究型大学，发挥基础研究主力军作用，并作为人才培养主阵地。总体来说，全球排名前 100 的顶尖研究型高校数量要全球领先，全球重大原创性科学成果数量要全球领先。

三是有一批结构合理、素质优良的高层次科技人才队伍。国家发展靠人才，民族振兴靠人才，人才是衡量一个国家综合国力的重要指标，是创新的第一资源。实现高水平科技自立自强说到底是我国要建设一批高水平的科技人才队伍，成为世界重要的人才中心和创新高地。党的十八大以来，党中央作出人才是实现民族振兴、赢得国际竞争主动的战略资源的重大判断，作出全方位培养、引进、使用人才的重大部署，推动新时代人才工作取得历史性成就、发生历史性变革。[①]未来要实现高水平科技自立自强，必须在现有基础上，强化人才的培育和引进，形成一批战略人才力量。首先，要发现和培育一批战略科学家，打造更多具有战略科学家潜质的高层次复合型人才，形成战略科学家成长梯队。战略科学家在我国科技创新中起到领航把舵的作用，要在实现高水平科技自立自强中不断发现和培育战略科学家。其次，要有大批一流科技领军人才和创新团队，在国际科技前沿、引领科技自主创新、承担国家战略科技任务中发挥重要作用。再次，要造就规模庞大的青年科技人才队伍，为高水平科技自立自强提供持续支撑。最后，要培育大批卓越的工程师队伍，形成中国特色、世界水平的工程师培养体系，努力建设一支爱党报国、敬业奉献、具有突出技术创新能力、善于解决复杂工程问题的工程师队伍，充分释放我国工程师红利，支撑制造业科技创新。

---

① 习近平.深入实施新时代人才强国战略 加快建设世界重要人才中心和创新高地［J］.求是，2021（24）.

四是拥有布局合理、技术先进的科技基础设施。实现高水平科技自立自强要有一批在全球有重要地位的科技基础设施，在国际基础科学研究前沿占据一席之地，综合性能要达到国际先进水平。例如，我们现在已有的国家授时中心（NTSC），是全球极为重要的授时实验室之一。贵州的500米口径球面射电望远镜（FAST）是世界最大的单口径望远镜。此外还有全超导托卡马克核聚变实验装置（EAST）、中国散列中子源（CSNS）项目等。未来，我们要继续布局重大科技基础设施，在深海、深空、深地等全天候、全地域开展科学研究。还要建设智能先进的新型基础设施，如5G、物联网、工业互联网、卫星互联网、算力等信息基础设施，能够支撑数字经济高质量发展。

五是良好的科技发展环境，在全球科技发展中有较强的影响力、吸引力。实现高水平科技自立自强，必须有良好的环境，包括政策环境、市场环境、文化环境、开放环境。习近平总书记强调，"最紧迫的是要破除体制机制障碍，最大限度解放和激发科技作为第一生产力所蕴藏的巨大潜能"[①]。有良好的政策环境，科技创新的潜能被充分激发。政府通过科学、合理、有效地制定一系列政策，为企业等科技创新主体营造稳定、公平、透明、可预期的宏观环境，降低政策的不确定性，确保政策的一致性。要有保护创新的良好市场环境，这要求有好的市场监管，加强知识产权保护，打击假冒伪劣，让创新没有后顾之忧。要有良好的文化环境，在全社会形成与中华优秀传统文化、中国科技创新实践相结合的创新文化，塑造大胆探索、求真务实、勇于创新、宽容失败的社会文化环境。习近平总书记强调，"文

---

① 本报评论员.全面深化科技体制改革——三论学习贯彻习近平总书记两院院士大会重要讲话［N］.光明日报，2018-05-31（1）.

化关乎国本、国运"①。实现高水平科技自立自强，我们要进一步弘扬中国特色社会主义新时代精神，比如科学家精神、企业家精神、探月精神、新时代北斗精神等，传承老一辈科学家以身许国、心系人民的光荣传统，发扬企业家精神，营造开拓进取、追求卓越的创新创业氛围。

六是，要营造高水平开放合作环境，构筑具有全球竞争力的开放创新生态。习近平总书记强调，"过去40年中国经济发展是在开放条件下取得的，未来中国经济实现高质量发展也必须在更加开放条件下进行"②。高水平开放合作是强国建设的内在要求，是高水平科技自立自强的重要内涵。我们有良好的制度型开放科研环境，有良好的国际科技交流合作，有深度参与全球科技治理的能力。

（三）从科技支撑经济社会发展的维度来看

第三个是从科技支撑经济社会发展维度。实现高水平科技自立自强后，创新驱动发展的良好格局形成，社会生产力以新质生产力为主，科技创新引领现代化产业体系建设，经济发展模式由粗放型向集约型、绿色化发展。实现高水平科技自立自强后的创新驱动发展，应该是创新驱动发展的高级阶段。这意味着全行业都需要以科技创新为基本动力，通过持续的研发和创新，推动产业技术的升级和进步。

全社会也应以科技创新为基本源泉，鼓励和支持创新活动，营造

---

① 习近平.在文化传承发展座谈会上的讲话［J］.求是，2023（17）.
② 习近平在博鳌亚洲论坛开幕式上的主旨演讲［EB］.央视网，2018-04-11.

良好的创新氛围,以科技创新推动经济、社会等各个领域持续、健康、高效地发展。这主要体现在两个方面。一是通过科技创新,传统产业得以转型升级,生产效率和质量得到极大提升,促进了产业结构的优化和升级。我国的原材料产业、纺织印染产业等,以前都是高能耗、高污染、低附加值的行业,以量取胜,以资源换利润,以环境换利润,未来,我国实现高水平科技自立自强后,这些传统产业、行业都成为新质生产力,都是以效率取胜,以科技换利润,是资源友好、环境友好型产业。二是新兴科技产业的崛起,如人工智能、生物科技、新能源等,这些高附加值的产业,为人民、为社会贡献了大量财富,为社会生产力的发展注入了新活力。

我国高水平科技自立自强取得的成就与面临的问题

党的十八大以来,创新驱动发展成为国家战略,被摆在国家发展全局的核心位置,我国科技事业发生了历史性、整体性、格局性的重大变化。重大创新成果竞相涌现,一些前沿领域开始进入并行、领先阶段。科技实力正从量的积累迈向质的飞跃,从点的突破迈向系统能力提升,我国在全球创新版图中的地位和作用发生了新的变化,成为国际前沿创新的重要参与者和共同解决全球性问题的重要贡献者,推动中华民族伟大复兴进入了不可逆转的历史进程。

（一）高水平科技自立自强取得的成就

从科技整体实力来看，根据世界知识产权组织发布的《2023年全球创新指数》报告，2023年中国创新指数排名全球第12，是全球创新指数前30名中唯一的中等收入经济体，并且拥有24个全球百强科技创新集群，数量首次跃居世界第一位。中国科学技术发展战略研究院发布的《国家创新指数报告2022—2023》显示，2023年中国国家创新指数综合排名世界第10，较上年提升3位，是唯一进入前15位的发展中国家。可以说我国已进入创新型国家行列，走出了一条从人才强、科技强到产业强、经济强、国家强的新道路，为我国经济社会高质量发展贡献了卓越的科技力量。从科技投入看，2022年我国全社会研发经费超过3万亿元，是2012年的3倍，居世界第二位。与此同时，我国发明专利申请量10余年来全球最多，PCT申请量连续多年蝉联世界第一；研发人员总量位居世界第一，"全球高被引科学家"数量连续3年位居世界第二；化学、物理、数学、材料科学、计算机科学等14个领域学科论文被引用次数进入世界前二。

从部分关键领域来看，我国科技自立自强能力持续提升，为引领未来科技变革和经济社会发展奠定了坚实基础。前沿技术领域，量子信息、干细胞、脑科学等方向涌现出一大批重大原创科技成果，"悟空""墨子""慧眼""碳卫星"等实验卫星成功发射。我国自主研发的量子卫星突破了一系列关键技术，包括高精度跟瞄、星地偏振态保持与基矢校正、星载量子纠缠源等。战略高技术领域，深空、深海、深地、深蓝等领域不断取得突破，探月工程"绕落回"三步走圆满收官，"嫦娥五号"完成我国首次地外天体采样返回任务。中国空间站实现长期驻人，进入了常态化运营模式，成功开展了多项太空科研活动，技术水平跻身国际领先行列。火星探测启动，"天问一号"探测器顺利进入预定轨道，开启火星探测之旅，成为世界首个一次性实现火星"环绕、着陆、巡视"三大目标的国家。深海空间站稳步建设，掌握3 500米大深度载人深潜技术。北斗导航系统实现全球化运营，正式加入国际民航组织标准，成为全球民航通用的卫星导航系统。

高端产业方面，关键核心技术稳步突破推动产业向中高端攀升，移动通信实现"3G突破、4G同步、5G引领"，5G在全球率先实现规模化应用，国产大飞机C919成功实现商业首飞，特高压输变电、杂交水稻、海水稻等领域均保持世界领先。深海油气、煤炭清洁高效利用、新型核电技术为国家能源安全提供了有力保障。我国连续15年布局研发了百万千瓦级超超临界高效发电技术，目前供电煤耗最低可达到264克每千瓦时，大大低于全国平均值，处于全球先进水平。我国在新能源汽车领域进行了20多年"三横三纵"技术研发，形成了较为完备的创新布局，产销量连续多年居全球首位，并造就了宁德时代、比亚迪等多家明星企业。2023年，国产大飞机C919投入商业运营，国产大型邮轮成功建造，新能源汽车产销量占全球比重超过60%。可以说，科技赋能已经成为高质量发展的显著标志，科技创新成为引领现代化建设的重要动力。

数字经济方面，经过多年发展，我国数字经济发展已取得显著成效，经济规模超45万亿元，跃居世界第二，数字产业化和产业数字化能力大幅提升，逐步进入科技创新引领发展的新阶段。数字技术与各行业加速深度融合，推动工业、农业、服务业、城市治理等各领域数字化转型升级。例如在工业领域，新型基础设施布局逐步完善。通过以建带用、以用促建，截至2022年6月底，已建成5G基站170万个，培育大型工业互联网平台150家，连接工业设备超过7 800万台（套）。全国建成多个算力中心、数据中心等公共服务平台，行业数据集建设数量与质量不断提升。智能产业实力持续提升。据测算，我国人工智能核心产业规模超过4 000亿元，企业数量超过3 000家。智能芯片、开源框架等关键核心技术取得重要突破，智能芯片、终端、机器人等标志性产品的创新能力持续增强。①

（二）实现高水平科技自立自强存在的问题

在取得这些成绩的同时，我国要实现高水平科技自立自强还面临一些问题，与国际先进水平相比还存在一些差距。

一是科技投入的强度不够、结构还有待优化。如前所述，我国科技投入强度与OECD成员国还有一定的差距，与美国差距较大，未来要实现高水平科技自立自强还需要进一步提高投入强度。从结构看，我国的基础研究经费投入强度较低，特别是企业研发投入强度低，对基础研究的投入占比较低。根据已完成工业化国家的历史经验，当处于工业化前期阶段，全社会的研发投入主要是用于试验发展研究，注重短期利益；随着工业化程度的进一步提升，研发投入会更加偏向基础研究，注重中长期经济发展的动力和利益。因此，在工业化后期，基础研究投入通常会持续快速提高。从我国的情况看，2022年，我国基础研究经费投入强度为6.57%，与美国（14.76%）、

---

① "新时代工业和信息化发展"系列主题新闻发布会，工业和信息化部，2022年7月26日。

日本（12.67%）、法国（22.99%）、韩国（14.78%）等存在明显差距。2020年企业基础研究投入占比仅为1.84%，低于美国的2.6%、日本的2.58%和韩国的3.81%。我国企业用于基础研究的经费占比仅为0.51%，远低于美国的6.52%、日本的7.38%和韩国的10.56%。

二是企业整体科技创新能力较弱，科技领军企业数量较少。企业是科技创新的主体，特别是技术的发现和升级到最后的应用都在企业。我国企业构成整体以中小企业为主，其研发能力较弱。根据2023年欧盟全球工业研发投入2 500强数据，在50强企业中，中国境内仅有4家。在波士顿咨询公司发布的"2023全球最具创新力公司50强"榜单中，中国境内企业仅有8家。由于基础研究风险高、需要庞大的资金和强劲的研发实力等，因此目前开展基础研究的主要是创新型龙头企业。由于我国制造业起步较晚，大部分企业实力较弱，百年企业很少，无论是资金上还是技术积累上都与发达国家领军企业存在较大差距，无法支撑开展大规模基础研究。例如，阿里巴巴成立"达摩院"，进行基础科学和颠覆式技术创新研究；华为下设"2012实验室"和法国数学研究中心，投入大量资金开展基础研究。

三是原创研究能力弱，核心技术突破不足。我国科研起步较晚，长期跟随式技术发展模式导致一些重要领域在核心技术和知识产权方面严重缺乏掌控力和话语权，在国外构建的较为完整的技术体系和知识产权体系中难以实现突破。同时，在高校、科研机构等主要科研主体以及科研基础设施上与发达国家存在较大差距。世界一流大学和科研机构缺乏，我国尚没有像美国劳伦斯伯克利国家实验室、洛斯阿拉莫斯国家实验室、阿贡国家实验室、橡树岭国家实验室等量级的国家实验室。我国世界一流大学的数量较少，特别是全球知名的顶尖大学较少。目前最具公信力和代表性国际大学排名之一的《QS世界大学排名2023》(见表3-1)显示,进入前100名的大学中,美国有27所,英国有17所,中国境内有6所(另外,中国香港有5所,中国台湾有1所)。前10名大学中,美国有5所,英国有4所,瑞士有1所。我国的北京大学列第12位,清华大学列第14位,境内进入前300名的仅有13所。从具体指标看,我国大学在学术声誉、国际学生占比、国际合作三方面与世界一流大学还有较大差距。从研究实力看,能进入世界前列的大学数量较少,高水平学术论文少,国际科学大奖少。从国际科技交流合作看,我国在这方面还存在短板,例如北京大学、清华大学的国际学生占比仅为25.7%、36.9%,远低于其综合得分。科研机构方面,根据世界顶级期刊《自然》杂志公布的"2023自然指数年度榜单",中国科学院已连续11年位列该排行榜全球第一,排名第2~5位的分别是美国哈佛大学、德国马普学会、法国国家科学研究中心、中国科学技术大学。高质量科研产出前10位的国家是美国、中国、德国、英国、日本、法国、加拿大、韩国、瑞士、澳大利亚。在2023年科睿唯安发布的"2023年度全球百强创新机构"榜单中,中国境内入选机构数量为4家,排名第7(见表3-2)。

表3-1 QS世界大学排名2023(前20位)

单位:分

排名	大学	国家	得分
1	麻省理工学院	美国	100
2	剑桥大学	英国	98.8
3	斯坦福大学	美国	98.5
4	牛津大学	英国	98.4
5	哈佛大学	美国	97.6

续表

排名	大学	国家	得分
6	加州理工大学	美国	97
6	帝国理工学院	英国	97
8	伦敦大学学院	英国	95
9	苏黎世联邦理工大学（瑞士联邦理工学院）	瑞士	93.6
10	芝加哥大学	美国	93.2
11	新加坡国立大学	新加坡	92.7
12	**北京大学**	**中国**	91.3
13	宾夕法尼亚大学	美国	90.6
14	**清华大学**	**中国**	90.1
15	爱丁堡大学	英国	89.5
16	洛桑联邦理工学院	瑞士	89.2
16	普林斯顿大学	美国	89.2
18	耶鲁大学	美国	89
19	南洋理工大学	新加坡	88.4
20	康奈尔大学	美国	87.2

表3-2 "2023年度全球百强创新机构"榜单

单位：家

国家	数量
日本	38
美国	19
德国	7
法国	7
韩国	5
中国	4
瑞士	3
荷兰	3
英国	1
瑞典	1
沙特阿拉伯	1

四是科技成果转移转化存在"死亡峡谷",科技经济存在"两张皮"现象。我国的科技论文数量、专利数量位居世界前列,但科技成果的应用不成熟,诸多成果被束之高阁。一方面,科技成果能否应用、如何应用是一大问题。从根源上看,存在基础研究脱离产业需求和实际水平,难以促进产业化落地的问题。我国整个基础研究体系,主要依靠国家科技计划推进实施,以高校、科研院所为主,多以项目、课题形式开展研究工作。如国家科技计划等项目指南的编制、发布、评审以及最后验收往往依赖高校和科研院所,企业以及产业主管部门参与度不足,话语权不大。各类项目评审专家也以基础科研专家为主,企业技术总师、研发主管等一线技术人员占比极低,导致科研和应用有所脱节。另一方面,很多领域的基础应用技术、关键共性技术等基础性技术研发载体缺失或不足。我国大院大所改革后,部分原来承担行业共性技术、基础应用技术研究的科研院所被推向市场,更多的资金、人力和管理从共性技术领域被抽离出来,投入应用技术和市场化领域。这就导致此类基础性技术无专门机构研究,科技到产业之间的创新链出现断层,科研机构缺少承担基础材料、基础零部件(元器件)、基础工艺和产业技术基础等基础性研究的意愿,因此我国技术基础薄弱,错失国际标准话语权的竞争机会。

五是鼓励创新、包容失败的创新环境有待形成,科研队伍的活力有待进一步释放。潜心从事基础研究的人才缺乏,人才存在不合理流动现象。我国在基础研究领域的顶尖基础研究人才和团队比较匮乏,特别是缺少能够心无旁骛、长期稳定在一个方面深耕基础理论的队伍。各地高校、科研机构、企业都有高薪、高职位吸引人才的政策,导致高端人才在国内各单位不正常流动,不利于科研人员长期静心进行研发。同时，基础研究工作存在难度大、周期长、工作枯燥等问题，薪酬待遇没有明显优势。受金融、房地产、互联网等行业"挤出效应"和"虹吸效应"影响，基础研究领域出现人才流失现象。科研人员自主权尚未得到进一步释放。尽管国家在积极推动赋予科研单位和科研人员更大的自主权，但高校、科研院所、企业各类科研人员受各种项目计划和考核机制的约束，负担较重，积极性不高，创新创造活力受到制约。国家层面已发布了一些为科研人员"减负松绑"的文件，例如2018年12月16日，国务院办公厅发布《关于抓好赋予科研机构和人员更大自主权有关文件贯彻落实工作的通知》（国办发〔2018〕127号）；2018年5月，中共中央办公厅、国务院办公厅印发《关于进一步加强科研诚信建设的若干意见》；2018年7月3日，中共中央办公厅、国务院办公厅印发《关于深化项目评审、人才评价、机构评估改革的意见》。但是，文件还需要进一步推动和落实。根据国务院文件，有的部门、地方以及科研单位没有及时修订科研管理的相关制度规定，仍然按照老办法来操作；有的经费调剂使用、仪器设备采购等仍然由相关机构管理，没有落实到项目承担单位；科技成果转化、薪酬激励、人员流动还受到相关规定的约束等。[①] 这些问题制约了政策效果，影响了科研人员的积极性、主动性。

[①] 《国务院办公厅关于抓好赋予科研机构和人员更大自主权有关文件贯彻落实工作的通知》，国务院公报2019年第2号。

实现高水平科技自立自强的思路和举措

在我国即将进入全面建设社会主义现代化国家、向第二个百年奋斗目标进军的新阶段，必须坚持创新在我国现代化建设全局中的核心作用，加快实现高水平科技自立自强。这是一项系统工程，我们要以习近平新时代中国特色社会主义思想为指导，全面贯彻落实党的二十大精神，坚持党中央对科技工作的集中统一领导，要面向世界科技前沿、面向经济主战场、面向国家重大需求、面向人民生命健康，统筹发展和安全，完善国家创新体系，全面提升国家科技创新能力，以科技自立自强支撑产业强、经济强和国家强。

一是要加强科技宏观统筹领导，凝聚全社会加快推进高水平科技自立自强的强大信心、决心。坚持党中央集中统一领导，发挥我国超大规模市场优势、集中力量办大事优势，号召全党全社会为实现高水平科技自立自强而奋斗，建设科技强国，引导企业和社会各方力量聚焦国家战略目标，通过激发市场需求引领创新资源有效配置，提升全社会创新活力。党的二十届二中全会通过了《党和国家机构改革方案》，明确提出面对国际科技竞争和外部遏制打压的严峻形势，必须进一步理顺科技领导和管理体制，更好统筹科技力量在关键核心技术上攻坚克难，加快实现高水平科技自立自强。加强党中央对科技工作的集中统一领导，组建中央科技委员会，中央科技委员会办事机构职责由重组后的科学技术部整体承担，强化科学技术部的战略规划、体制改革、资源统筹、综合协调、政策法规、督促检查等宏观管理职责，推动健全新型举国体制、优化科技创新全链条管理、促进科技成果转化、促进科技与经济社会发展相结合。

二是要加强科技协同高效攻关,夯实高水平科技自立自强的技术根基。围绕"四个面向",提升科技基础创新能力,加强基础研究布局和重大科学问题研究。坚持目标导向和自由探索"两条腿走路",加大中央和地方财政对开展基础研究的支持力度。在特定基础领域,完善对企业研究机构、科研人员的长期稳定支持机制,逐步加大对企业基础研究的支持力度。鼓励企业加大研发投入力度,加大对企业研发的普惠性支持力度,扩大加计扣除、高新技术企业等税收减免政策的受益面,进一步降低企业税负,提升企业开展基础研究动力。加快关键核心技术攻关,推动科技促进产业高质量发展。系统梳理和研究我国重点产业领域"卡脖子"技术和产品清单,按照不同领域和技术现状,明确补短板的路线图、时间表、责任单位、支持条件等关键要素。加强科技产业政策支持,部署实施相关重大工程,激发创新活力,推进产业链协同创新生态系统建设。落实攻关责任,探索"揭榜挂帅"等机制,明确各级任务和责任,规范流程、讲求绩效、综合激励,确保技术和产品攻关按期完成。

三是要加强战略科技力量建设,强化高水平科技自立自强的支撑能力。党的二十大报告提出,优化国家科研机构、高水平研究型大学、科技领军企业定位和布局,形成国家实验室体系。国家科研机构要强化基础性、战略性、前瞻性和综合性的研究,聚焦产业技术前沿,提出解决方案,开辟新兴前沿方向,创造新知识,为新兴技术提供源头。高水平研究型大学要加强基础研究和人才培养,要将科研优势与国家的重大战略需求相结合,开展有组织的科研。加强以企业为主体的产业技术创新体系的顶层设计、系统集成与协同创新。围绕领军企业构建重点领域体系化、任务型的产学研创新联合体，使其成为推动创新链、产业链、资金链、人才链高度协同深度融合的主体力量，促进科技领军企业与中小微企业开展融通创新。国家实验室要加强顶层设计，不断完善组织管理机制，充分发挥在我国科技创新中压舱石的作用，与国家发展紧密联系，支撑国民经济社会高质量发展。

四是要深化科技体制机制改革，构建高水平科技自立自强的良好环境。建立大学、科研院所、国家实验室体系与领军企业协同机制。建立"高原造峰"攻关机制，强化跨领域、跨部门、跨地区的统筹协调能力，形成快速动员和集结组合，提升承接国家重大科研任务开展联合攻关的能力。强化科技规划、资源、政策的统筹协调机制，推动科技政策与财税、产业、金融、社会、人才等政策的衔接配套。深化科教融合与人才发展体制改革，优化创新要素流动和配置体制，完善知识产权与技术标准制度，健全科技伦理与科技安全风险防范制度。着力完善科技创新资源配置方式，构建全要素一体化配置的创新服务体系。建立领先技术的应用市场，探索快速应用审批机制，加强平台支撑，鼓励创业投资投早投小，加强企业主导对前沿技术的生态构建。统筹推进国际和区域科技创新中心建设，试点实施一批制度型开放的改革举措，打造具有国际领先水平的创新创业环境。

五是推动教育、科技、人才一体化发展，强化高水平科技自立自强的人才供给。坚持党管人才，坚持服务大局，坚持遵循规律，坚持实践标准，坚持开放合作，强化自主培养，以全球视野和世界一流标准，从战略规划、法规政策、资源配置等方面做好科技、教育、人才统筹工作，进行系统性和针对性的战略设计。培养具有国际先进水平的战略科技人才和科技领军人才,加强科技创新高层次人才建设,推进实施国家高层次人才引进和培养计划。推动教育与产业深度融合,以需求为导向,打造制造业多层次创新人才体系。完善人才流动管理,引导科研人才在企业、高校、研究院所间合理流动。鼓励世界一流高校加强与企业开展协同创新和人才联合培养,加强基础研究后备科技人才队伍建设。发挥国家实验室、国家重点实验室等研究基地的集聚作用,长期支持优秀的创新团队持续从事基础科学研究工作。

第四章

科技创新引领现代化产业体系建设

习近平总书记强调，要及时将科技创新成果应用到具体产业和产业链上，改造提升传统产业，培育壮大新兴产业，超前布局建设未来产业，加快构建以先进制造业为支撑的现代化产业体系。新质生产力的首要落脚点就是产业，必须促进科技创新与实体经济深度融合，推进产业智能化、绿色化、融合化，加快建设知识型、技能型、创新型劳动者大军。

现代化产业体系是现代化国家的物质技术基础

现代化产业体系在通俗意义上可以简单地从现代化、产业和体系三方面来理解。现代化，就是要求其基本特征是现代的、先进的，具体可以从产业的驱动力、结构、特征等角度来看。产业，具体指各种行业，第一产业（农业）、第二产业（工业）和第三产业（服务业等），具体包括种植业、制造业、运输业、生产性服务业等。体系，要求各个产业成体系，有体系化布局和体系化发展。

（一）现代化产业体系的提出脉络

从现代化产业体系提出的脉络来看，党的十七大报告首次提出"发展现代产业体系"的战略目标，党的十八大报告提出"要着力构建现代产业发展新体系"，党的十九届五中全会提出要"加快发展现代产业体系，推动经济体系优化升级"，2021年《政府工作报告》进一步强调，要"坚持创新驱动发展，加快发展现代产业体系"。党的二十大报告提出要建设现代化产业体系，这是新时代振兴实体经济、推动制造业高质量发展的重大战略部署，也是推动经济高质量发展的核心。2023年1月，习近平总书记在中共中央政治局第二次集体学习时强调："优化生产力布局，推动重点产业在国内外有序转移，支持企业深度参与全球产业分工和合作，促进内外产业深度融合，打造自主可控、安全可靠、竞争力强的现代化产业体系。"[1] 2023年5月，习近平总书记在二十届中央财经委员会第一次会议上强调，要把握人工智能等新科技革命浪潮，适应人与自然和谐共生的要求，保持并增强产业体系完备和配套能力强的优势，高效集聚全球创新要素，推进产业智能化、绿色化、融合化，建设具有完整性、先进性、安全性的现代化产业体系。

（二）现代化产业体系的内涵理解

现代化产业体系的目标是高质量发展，而实现这一目标的重要途

---

[1] 习近平在中共中央政治局第二次集体学习时强调 加快构建新发展格局 增强发展的安全性主动权［EB］.新华网，2023-02-01.

径是发展新质生产力。现代化产业体系必须具备三个特征，分别是完整性、先进性和安全性，产业发展的重点是智能化、绿色化和融合化。完整性要求我国产业发展需要全覆盖，不能有漏项。经过改革开放40多年的持续快速发展，我国已具备全球最完整、规模最大的产业体系，拥有联合国产业分类中的全部工业门类，即41个大类，666个小类，拥有包括4亿多中等收入群体在内的14亿人口所形成的超大规模内需市场。先进性，一方面要求我国各类产业的整体水平高，在技术水平、生产效率、产品质量等方面都处于领先地位，并具有竞争优势；另一方面要求产业结构合理，高新技术产业、传统产业协调发展，制造业、服务业协同发展。安全性就是要求产业链、供应链自主可控，有较强的韧性，具备抵抗风险的能力。

具体来说，现代化产业体系的内涵可以从以下三个方面来理解。

一是从动力看，现代化产业体系的主要驱动力是科技创新。以科技创新引领新质生产力发展，实现现代化产业体系的高质量发展。当前，我国经济发展进入新常态，已由高速增长转向中高速增长。同时，劳动力成本提高，传统的人口红利逐步消失，资源环境约束加大，传统产业依靠要素投入、投资拉动的粗放型发展模式俨然难以为继。坚持科技创新引领发展已经成为我国产业应对国内外新形势、重新激发经济活力的重要手段。特别是制造业，制造业是我国经济的重要供给侧，而创新是制造业健康发展的动力源。坚持以创新驱动为主线，加强科技创新体系建设，推动产业技术水平和产品质量的提升。加强科技创新和成果转化，推动科技创新与产业发展深度融合，以产能升级、结构调整为主要目标，通过创新来创造新的供给、降低供给侧成本、补充短缺供给，扩大制造业有效供给，着力推进制造业高质量发展。坚持把培育新质生产力放在我国产业高质量发展的核心位置，破除阻碍创新的体制机制障碍，坚持科技创新、管理创新、模式创新、理念创新、人才创新等全面创新，将粗放型发展模式转向以创新为驱动的集约型发展模式。

二是从结构看，现代化产业体系要有合理科学的产业布局。产业布局的合理优化是现代化产业体系的重要保障。优化产业布局体现在宏观和微观两个层面，宏观层面是指产业结构合理布局，微观层面则是指区域产业布局协调合理。产业结构方面，传统产业、战略性新兴产业和未来产业都要协调发展。传统产业是我国经济发展的压舱石，在我国经济中占据重要地位。以原材料行业为例，我国原材料行业已经形成了门类齐全、体系完整的庞大产业，多项工业指标均位居世界前列。其中，钢铁、水泥等产品产量、消费量连续多年位居全球第一。但随着全球经济衰退、国内经济增长速度减缓、人口红利逐步消失以及环境问题进一步加剧，原材料等传统产业面临着前所未有的压力，再也不能通过投入换取价值。所以在现代化产业体系中，传统产业的比重一定是逐步下降的，通过对传统产业的技术改造和产业升级，提高其附加值和竞争力，推动其向科技型产业发展。新能源、新材料、生物医药等战略性新兴产业是现代化产业体系的中坚力量，产业必须有高科技含量、高附加值，要在全球竞争中占有一席之地。未来产业主要是看准方向，提前布局，培育新的经济增长点。在区域合理布局方面，坚持全国"一盘棋"，根据地区资源禀赋、产业基础、市场需求、风土人情等因素，科学引导地方开展产业布局，加大产业转移力度。特别要防止某些战略性新兴产业在热度高的时候，由于市场的盲目性，各地区一拥而上、重复建设。例如前些年，新能源汽车产业按下快进键，一些地方盲目上马新能源汽车整车制造项目。一方面，导致恶性竞争，地方政府上线的项目大部分是龙头车企的分支项目，也有一些企业高管被地方政府挖去开创新项目。另一方面，地方投资巨大，但由于前期考察研究不充分，盲目跟风问题突出。因此，必须引导形成科学合理的产业布局，在引进项目时，要结合地方实际和整体规划，特别是根据地方产业链、供应链的实际情况，充分考虑自身的产业优势，以及未来的发展方向，合理制定引进政策，科学合理地上线产业项目。此外，要加强产业集群建设，无论是美国还是欧洲，产业的高质量发展，在布局上最终都要集群化。龙头企业带动一系列产业链配套企业，形成发展集群，才能最大限度地提升产业协同效应，最大限度地提高产业发展效率和国际竞争力。

三是从运行看，现代化产业体系需要高效协同的组织模式。体系的运行效率需要高度协同的组织模式。现代化产业体系中有企业、高校、研究院所、金融机构、政府等产学研各类主体，形成相互联系、融合发展的统一网络体系。其中企业是主体，需要形成大企业"顶天立地"、中小企业"铺天盖地"的企业体系。需要能够集聚和协调龙头企业、高校、科研院所、行业协会、政府机构等创新资源和力量，提升协同创新发展的能力。同时，政府侧需要为产业发展营造良好的政策保障环境。加强产业发展的顶层设计，强化产业规划，通过制定和实施各类产业发展规划或指南，明确产业发展目标和方向，引导产业高质量发展。不断优化行业发展环境，一方面，需要加强普惠性金融财税政策支持，各种财税金融优惠等政策需要更加普惠；另一方面，需要营造公平、公开、公正的市场环境。知识产权保护环境良好，知识产权保护水平高且与国际接轨。要有多层次监管体系、各类网络监管工具和监管新方法,营造良好的市场竞争秩序。

我国建设现代化产业体系从整体上看,主要是推进新型工业化,加快建设制造强国、质量强国、航天强国、交通强国、网络强国、数字中国。具体应有六个方面的重点任务,包括优势产业、战略性新兴产业、服务业、物流体系、数字经济和基础设施体系。一是优势产业要巩固领先地位。我国有4亿多中等收入群体在内的14亿人口所形成的超大规模内需市场,要在关系安全发展的领域加快补齐短板,提升战略性资源供应保障能力。二是战略性新兴产业要融合集群发展,构建新一代信息技术、人工智能、生物技术、新能源、新材料、高端装备、绿色环保等一批新的增长引擎。三是服务业要构建优质高效的新体系,推动现代服务业同先进制造业、现代农业深度融合。四是要加快发展物联网,建设高效顺畅的流通体系,降低物流成本。五是要加快发展数字经济,促进数字经济和实体经济深度融合,打造具有国际竞争力的数字产业集群。六是优化基础设施布局、结构、功能和系统集成,构建现代化基础设施体系。

打造三类"新"产业抢占未来科技竞争制高点

新质生产力落在产业上,就是新产业。我们认为新产业的"新",是静态和动态相结合的新。静态的"新",包括战略性新兴产业、未来产业等,也就是对于目前而言,有高技术含量、高附加值的产业,要培育壮大新兴产业,布局建设未来产业。动态的"新",主要是针对传统产业，传统产业转型升级也是新产业，也是新质生产力。

2023年中央经济工作会议指出，以科技创新引领现代化产业体系建设，要大力推进新型工业化，发展数字经济，加快推动人工智能发展。打造生物制造、商业航天、低空经济等若干战略性新兴产业，开辟量子、生命科学等未来产业新赛道，广泛应用数智技术、绿色技术，加快传统产业转型升级。从科技发展趋势看，未来重点新产业包括三大类：一是以人工智能、生物科技、新能源汽车等为代表的战略性新兴产业；二是以未来制造、未来信息、未来材料、未来能源、未来空间和未来健康等为代表的未来产业；三是以数字化、绿色化、高端化改造升级传统产业。

（一）壮大战略性新兴产业

战略性新兴产业是现代化产业体系的重要支柱，它们代表着科技创新的前沿方向，具有高度的成长潜力和市场竞争力。

人工智能是新一轮科技革命和产业变革的重要驱动力，是引领这一轮科技革命和产业变革的战略性技术，具有溢出带动性很强的"头雁"效应。人工智能技术是一种使能技术，即可以通过"人工智能+"来"制造"新产业、改造提升产业。所以说，现阶段看，人工智能是非常重要的新质生产力，不仅能催生新的产业，而且能改造提升传统产业，成为新的经济增长点。目前，全球人工智能发展进入生成式人工智能加速突破的新阶段，正在悄然重塑甚至颠覆人类的生产生活方式。以超大规模预训练模型为代表的生成式人工智能技术作为迈向通用人工智能的重要路径，成为全球人工智能竞争的新焦点，决定未来人工智能发展的主导权。

从国际发展趋势看，自 2019 年以来，美国政府先后出台了《人工智能增长研究法案》《芯片与科学法案》《无尽前沿法案》等多项政策，且白宫于 2021 年成立了国家人工智能计划办公室，顶层规划支持人工智能发展，抢夺全球科技话语权。硬件方面，全球人工智能芯片算力不断提升。人工智能芯片性能差距呈现拉大态势。2023 年 11 月，英伟达全球最强 AI 芯片 H200 发布，速度、容量、带宽各项性能几乎提升一倍，同时功耗下降一半。同年 12 月，美国超威半导体公司发布 MI300 系列芯片，性能比肩英伟达。从大模型性能看，全球大模型迭代更新速度非常快，从 2022 年 11 月 ChatGPT（OpenAI 发布的聊天机器人模型）发布，不到四个月推出 ChatGPT-4，再到 2023 年 11 月发布 ChatGPT-4 Turbo，性能较上代产品提升 30% 以上，速度提升五倍，成本下降 30%。2024 年发布 Sora（OpenAI 发布的人工智能文生视频大模型），仅需通过文本即可自动生成视频，这也是继文本模型 ChatGPT 和图片模型 Dall-E 之后，又一极具颠覆性的大模型产品。应用方面，ChatGPT-4 已在办公、编程、生物医疗、金融、农业等领域全面铺开应用。例如，GPT 与微软合作，全面接入微软新 Office 套件，辅助用户完成文档编辑、内容创作、电子邮件写作等任务。从我国的发展情况看，硬件方面，我国企业在人工智能芯片设计领域已经具备一定的技术实力，华为、百度、寒武纪等公司都推出了自研人工智能芯片。例如华为昇腾 910 在单点算力、功耗、互联互通等方面全球领先。

人工智能产业主要可以分为三层（见图 4-1）。一是硬件基础层，包括 CPU（中央处理器）、GPU（图形处理单元）等通用芯片，深度学习、类脑等人工智能芯片以及传感器、存储器等感知存储硬件。我国企业在人工智能芯片设计领域已经具备一定的技术实力，华为、昆仑芯、寒武纪等公司都推出了自研人工智能芯片。二是软件算法层，主要包括核心算法、开发环境、算子库、编译器、学习框架等。我国以百度飞桨为代表的国产框架在近年快速追赶，已具备一定的技术和市场竞争力。三是行业应用及产品层，主要包括人工智能终端产品和行业解决方案。我国在智慧安防、智慧金融、智慧零售等领域的人工智能企业较多，实力较强，有商汤科技、依图科技、第四范式、旷视科技等。大模型产品处于百花齐放阶段，从我国大模型主要集聚地北京的情况来看，大模型主要在政务、金融、医疗、传统产业赋能、文化旅游、智慧城市等领域开展试用。①

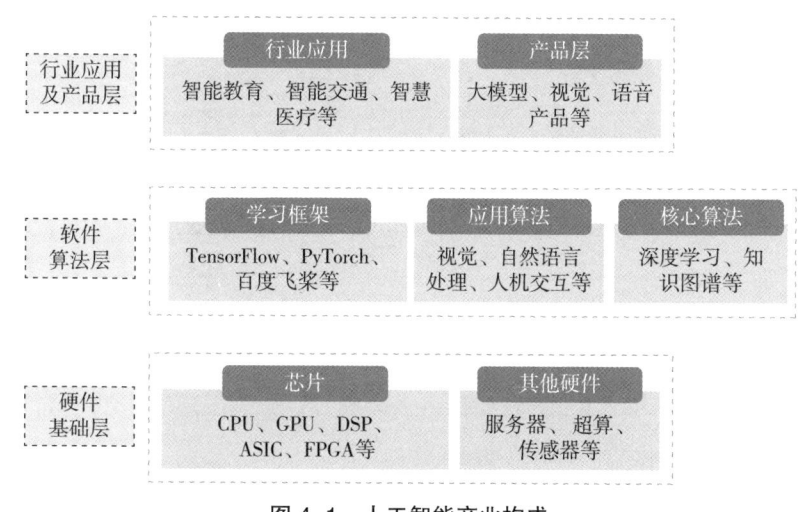

图 4-1　人工智能产业构成

① 《北京市人工智能行业大模型创新应用白皮书（2023 年）》北京市科学技术委员会、中关村科技园区管理委员会，2023 年 11 月。

人工智能技术的关键在于应用,应用端的重要落地载体就是智能产品。目前,我国已经形成较完整的智能产业链,覆盖软硬件技术、平台、人工智能产品、服务等。智能产品产业链概况如图 4-2 所示,上游主要由原材料、元器件等硬件以及操作系统、交互解决方案等软件组成,中游包括可穿戴设备、智能家电、智能家居、智能医疗等智能产品生产厂商、智能服务提供商以及与数字影音等相关的内容提供商等,下游主要包括智能产品的系统集成商以及末端的智能产品销售渠道。

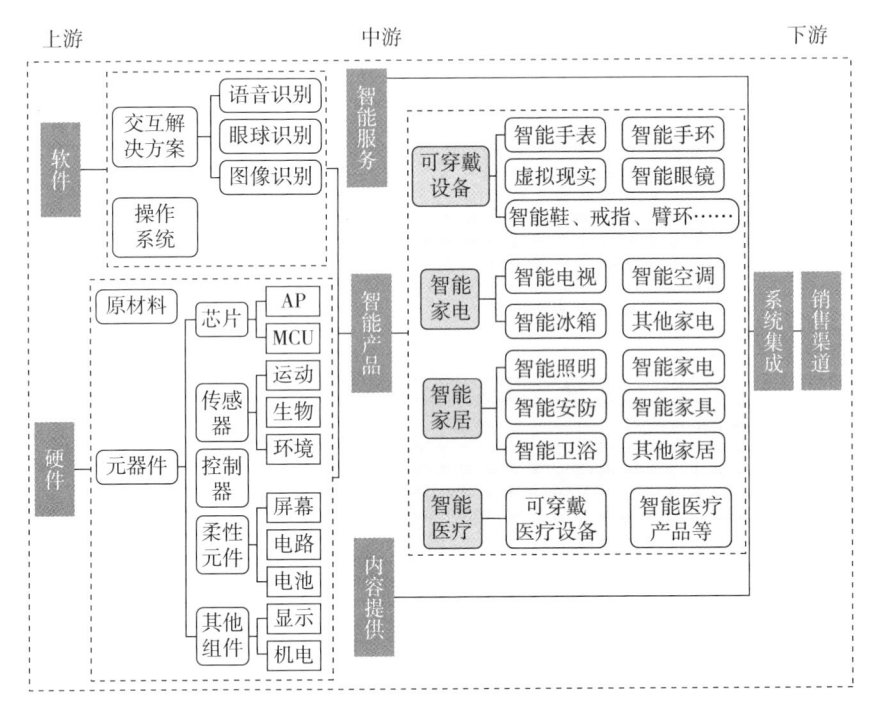

图 4-2 智能产品产业链

加快发展新一代人工智能是事关我国能否抓住新一轮科技革命和产业变革机遇的战略问题,无论是政府、企业还是个人,都要抓住人工智能发展机遇，认识人工智能、了解人工智能、学习人工智能、用好人工智能，只有这样才能在未来的发展中占据主导地位。无论是美国还是中国，人工智能技术的研发和应用主导力量都源自企业，且具备最强技术研发能力和最贴近市场应用的也是这些企业。我们要充分利用我国数量庞大的科技人才、科研人才队伍以及超大规模内需市场优势，以企业为主体，加快培育人工智能技术与产品相互促进的良好生态。强化科技领军企业在国家人工智能战略科技力量中的主导地位，由领军企业牵头，围绕人工智能芯片—深度学习框架—大模型—产业应用的创新链，组建关键技术研发和产业化应用的创新联合体，打造我国人工智能自主可控的软硬件生态系统。

生物科技是影响人类生存与发展的重要科技之一，其深远意义已经超越了单一的技术范畴。它不仅深刻改变了人类的生活方式，更为社会经济发展注入了强大的动力。生物科技的不断进步，已经催生了庞大的相关产业，为人类社会的进步贡献着巨大的力量。从安全的角度看，当前，全球生物安全形势仍然十分严峻，生物安全已成为当今世界面临的重大生存和发展问题。近年来，全球人口持续增长、气候变化显著，各类自然灾害和极端天气发生频率不断提高。同时，随着人类在生物技术方面研究能力的进一步提高，特别是在对抗疾病或病虫害中各类生物、化学医药及农药的滥用，全球范围内的生物安全风险加剧，各类新的动物源性病原体引发的传染病疫情暴发趋势抬头。从严重急性呼吸综合征（SARS）、中东呼吸综合征（MERS）、甲型H1N1流感、埃博拉病毒等到新型冠状病毒，全球重大传染病频发，生物安全以及公共卫生应对体系面临风险加剧。

生物科技产业主要包括生物制造、医疗器械与设备，以及前沿医疗技术。从生物科技产业链看，上游是原料和设备，原料包括生物原料和化工原料，设备包括生物制药设备、分子生物学设备、分离纯化设备、生物检测设备等。中游由于生物科技的特殊性，研发是生物科技非常重要的部分。生物研发涉及基因工程、细胞工程、蛋白质工程、酶工程等，生物制造包括生物制药、食品制造、生物燃料等。下游涉及国民经济的方方面面，比如医疗检测、医药流通，还涉及生物农业和食品的应用以及生物环保与资源利用等（见图4-3）。

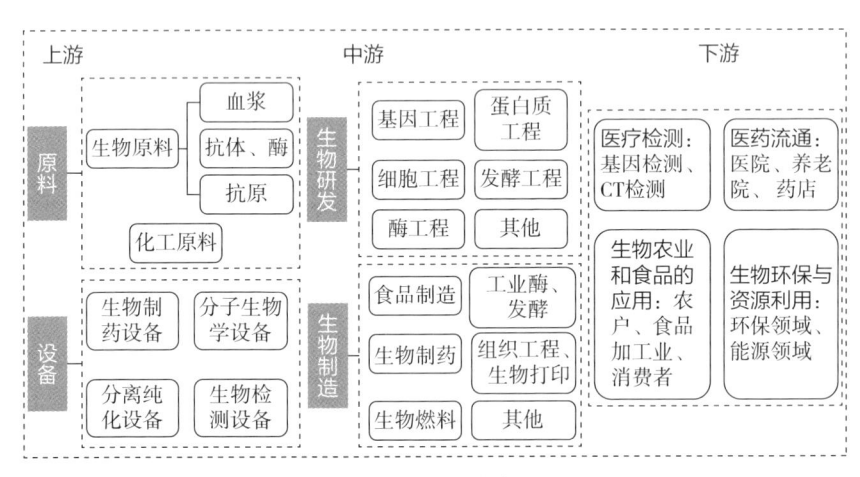

图4-3　生物科技产业链

新冠疫情让我们更加清楚地认识到，一个国家的生物科技不仅关系到本国民众健康、经济发展和国家安全，更是影响全球经济与秩序的重大因素。我国应强化科技创新支撑，加快建立全方位、多层面、重实效的生物科技体系，完善生物安全威胁应对体系和保障体系。

一是提升生物技术创新能力，加强药物、疫苗、医疗装备相关核心技术产品攻关。加强对生命安全、生物安全领域关键核心技术和重大科技成果的攻关，做好应对突发重大公共卫生事件、生物安全事件的技术储备。完善生物领域关键核心技术攻关的新型举国体制，加快整合医院、优势高校和科研院所、技术创新企业等科研力量，打造生命科学、生物技术、医药卫生等联合技术攻关体系。加快补齐我国高端医疗装备短板，实现高端医疗装备自主可控。推动实施重大传染病防治、智能制造与机器人、网络空间安全等涉及生物安全能力建设的国家科技重大项目，加强生命科学领域的基础研究和医疗健康关键核心技术突破。支持优势地区以龙头企业为核心，率先打造一批生物领域先进制造业集群，加强生物安全相关技术研发。

二是围绕打造具有战略性和全局性的产业链，建设一批生物医药、医疗器械相关领域制造业创新中心等共性技术平台，重点围绕技术研发、转移扩散和首次商业化等环节，突破科技成果工程化、产业化的"死亡峡谷"。加快布局和建设一批与生物安全领域相关的公共服务平台，提供试验验证、标准验证与检测、计量检测、认证认可关键技术、产业信息、知识产权等基础支撑和公共服务。

三是提升生物安全治理现代化能力，推动新一代信息技术在生物领域融合应用。打破生物与新一代信息技术产业不同主体间的行业壁垒，鼓励我国信息技术头部企业与生物技术企业、医院、国家卫生监测系统单位等主体深度合作。提升人工智能、边缘计算等在生物技术研发方面的应用，助力提高生物医药研究效率，加速新药研发流程。加大人工智能、大数据、云计算、区块链技术在生物安全监测预警、疫情防控等方面的应用，为全国传染病与突发公共卫生事件监测信息系统、卫生大数据监测信息平台体系建设等提供强大的技术支撑，切实提高生物安全风险科学防控与管理水平。

新能源汽车产业已经成为我国优势产业，发展新能源汽车是我国从汽车大国迈向汽车强国的必由之路。2023年，我国新能源汽车销量达到949.5万辆，同比增长37.9%，产销规模已连续九年位居世界前列。

新能源汽车产业链主要分为：上游关键原材料及核心零部件制造、中游整车制造、下游运营服务（见图4-4）。在上游核心零部件方面，新能源汽车主要涉及三大件：动力电池、电机系统、电控系统。动力电池方面，中国产销规模列全球首位，技术水平领先。驱动电机产业成熟，基本可满足国内需求。电控以及汽车电子方面情况比较复杂，我国目前尚存在一些短板。例如，在电控方面，包括在芯片、传感器、控制器等硬件，以及相关控制软件和算法方面，我国与国外有较大差距。特别是汽车芯片、先进传感器等仍然没有实现国产替代，进口依赖度较高。从整体来看，新能源汽车的国内零部件供给能力还是比较强的，动力电池基本能够满足国内产业需求，稀土永磁材料和稀土永磁电机等驱动电机也基本能够满足国产。电控以及汽车电子方面国产能力还较弱，需要大量进口。中游整车制造方面，多年来，中国的汽车制造产业基础较为扎实，发展比较成熟。但值得注意的是，汽车生产线上的专用生产装备短板问题十分突出。据中国机械工业联合会统计，目前中国汽车整车生产装备70%左右依赖进口，发动机、变速箱生产装备80%左右依赖进口，汽车研发、试验、检测等仪器设备90%左右依赖进口，特种功能材料则几乎全部依赖进口。下游运营服务方面，目前充电难问题还存在，例如充电桩进小区等问题还未解决，各类充电标准未统一，各类充电、换电等基础设施和技术路线还在探索。

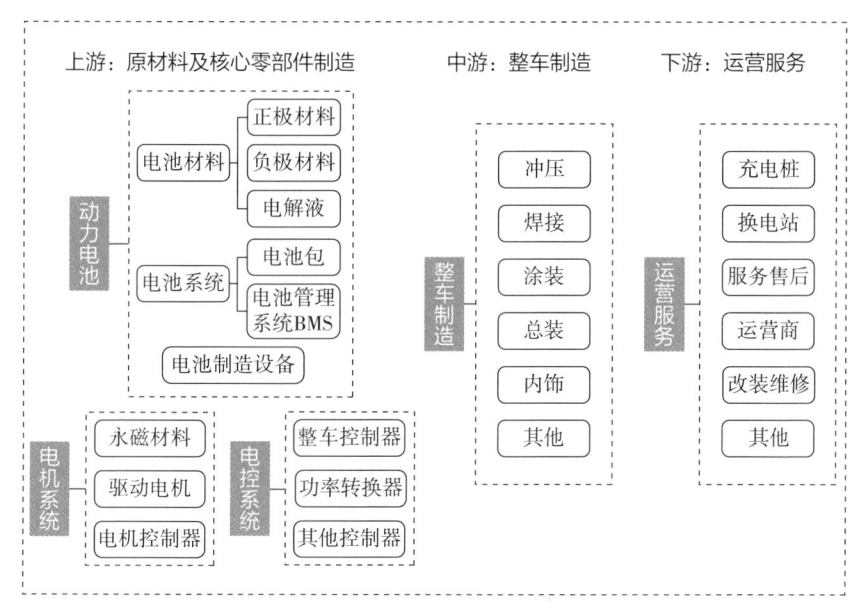

```
上游：原材料及核心零部件制造        中游：整车制造        下游：运营服务

动力电池
  电池材料
    正极材料
    负极材料
    电解液
  电池系统
    电池包
    电池管理系统BMS
  电池制造设备

电机系统
  永磁材料
  驱动电机
  电机控制器

电控系统
  整车控制器
  功率转换器
  其他控制器

整车制造
  冲压
  焊接
  涂装
  总装
  内饰
  其他

运营服务
  充电桩
  换电站
  服务售后
  运营商
  改装维修
  其他
```

图 4-4　新能源汽车产业链

未来，我国新能源汽车该往哪个方向发展？首先是提升技术，改进目前的电池技术，布局新一代电池技术。引导企业投入技术研发，提升技术水平。一方面，技术水平提高，有利于整车成本下降。另一方面，利用技术创新缓解新能源汽车里程焦虑，特别是冬季里程下降问题以及安全性等消费者关心的问题，提高消费者接纳程度，有利于整个新能源汽车市场发展。其次，还有一个重要的问题，就是目前中国整个汽车产业集中度比较低，同质竞争严重，包括研发的重复投入、制造的重复投入等。近年来，中国汽车企业也开始进入重新洗牌阶段，以后的趋势是龙头企业做强做大。日韩欧美都是这样的情况。我国汽车品牌众多。对整个产业发展来说，产业集中度较低，会造成同业竞争加剧、资源利用率低，影响整个产业的发展。我国需要几个主要的大品牌、大的世界级汽车集团来提升汽车产业的全球竞争力。对新能源汽车产业来说，目前有两类企业：一类是以蔚来、小鹏、理想为代表的互联网造车新势力；另一类是传统车企，包括三大央企——一汽、东风和长安，两大国企——上汽和广汽，还有民企比亚迪等。提升产业集中度是未来中国汽车产业发展的必然趋势，这样才能使企业减少同业竞争、减少重复建设、提高能源利用率，从而提高整体效率。

建议一是充分依靠市场调节，让企业优胜劣汰，政府减少对僵尸企业的扶持。近年来，伴随资本等因素的推动，中国互联网造车新势力也势必逐步走向优胜劣汰，集中度会逐步提高。二是推动企业兼并重组，支持龙头企业做大做强，加强品牌建设，形成品牌效应。

（二）培育未来产业

未来产业代表着产业发展的新方向和新动力，是推动经济社会持续健康发展的关键，更是抢占未来全球科技和产业竞争制高点的重要力量。

未来产业由前沿技术驱动，当前处于孕育萌发阶段或产业化初期，是具有显著战略性、引领性、颠覆性、不确定性和前瞻性的新兴产业。大力发展未来产业，是引领科技进步、带动产业升级、培育新质生产力的战略选择。[①] 从工业和信息化部等七部门《关于推动未来产业创新发展的实施意见》（以下简称《未来产业意见》）看，未来产业主要包括未来制造、未来信息、未来材料、未来能源、未来空间和未来健康六大方向。材料和能源是一切的基础，未来的材料革命、能

---

① 《关于推动未来产业创新发展的实施意见》，工业和信息化部等七部门，2024年1月18日。

源革命,均有可能掀起整场工业革命。制造是最终产品的必由之路,制造设备、制造方式的革命,将有效提升社会生产效率。比如,蒸汽机时代,直接用蒸汽机来替代传统的制造模式,大大提高了生产效率,催生了第一次工业革命。信息、空间和健康是探索未来的重要方向。

《未来产业意见》明确了六大未来产业的具体方向。一是未来制造,发展智能制造、生物制造、纳米制造、激光制造、循环制造,突破智能控制、智能传感、模拟仿真等关键核心技术,推广柔性制造、共享制造等模式,推动工业互联网、工业元宇宙等发展。二是未来信息,推动下一代移动通信、卫星互联网、量子信息等技术产业化应用,加快量子、光子等计算技术创新突破,加速类脑智能、群体智能、大模型等深度赋能,加速培育智能产业。三是未来材料,推动有色金属、化工、无机非金属等先进基础材料升级,发展高性能碳纤维、先进半导体等关键战略材料,加快超导材料等前沿新材料的创新应用。四是未来能源,聚焦核能、核聚变、氢能、生物质能等重点领域,打造"采集—存储—运输—应用"全链条的未来能源装备体系。研发新型晶硅太阳能电池、薄膜太阳能电池等高效太阳能电池及相关电子专用设备,加快发展新型储能,推动能源电子产业融合升级。五是未来空间,聚焦空天、深海、深地等领域,研制载人航天、探月探火、卫星导航、临空无人系统、先进高效航空器等高端装备,加快深海潜水器、深海作业装备、深海搜救探测设备、深海智能无人平台等的研制及创新应用,推动深地资源探采、城市地下空间开发利用、极地探测与作业等领域的装备研制。六是未来健康,加快细胞和基因技术、合成生物、生物育种等前沿技术产业化,推动 5G/6G、元宇宙、人工智能等技术赋能新型医疗服务,研发融合数字孪生、脑机交互等先进技术的高端医疗装备和健康用品。

(三)推动传统产业升级

这一类是以数字化、绿色化、高端化改造升级传统产业(见图 4-5)。人工智能、云计算、大数据、物联网以及移动互联网等新一代信息技术与传统产业深度融合,并以信息化网络为基础,催生出产业新模式、新业态以及相关智能服务。"人工智能+"制造与服务型制造均围绕客户需求开展,"人工智能+"制造主要包括协同制造、柔性制造、个性定制等,广泛应用工业大数据、工业云,同时构建工业互联网等;服务型制造由传统的单一提供产品到提供"产品+服务",服务包括产品相关服务、管理服务、金融服务等,产品主要涉及个性化、定制化产品。

传统产业要由生产型制造向服务型制造转型,积极发展精准化定制服务、全生命周期运维和在线支持服务、工程总承包与系统解决方案等高端服务。在服装、食品等消费品制造领域,鼓励企业开展众包设计、个性化定制、社交化营销等;在传统原材料、机械制造等领域,鼓励企业从单一提供装备产品转向提供装备的设计、跟踪、管理、维护等一体化服务,同时推广大型制造设备、生产线的融资租赁服务;提高智能产品云服务能力,鼓励企业依托工业云平台围绕产品功能拓展,发展故障诊断、远程咨询、呼叫中心、专业维修、在线商店、位置服务等新型服务业态。

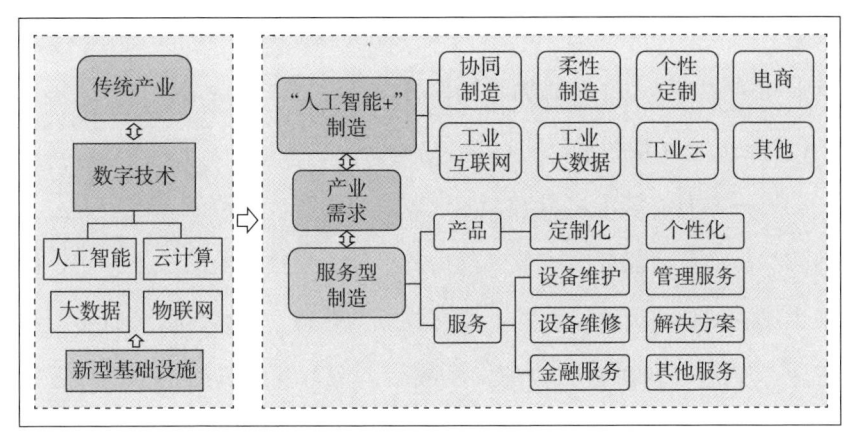

图 4-5 传统产业数字化改造升级

我们以原材料产业为例，来探索如何激发原材料产业的新质生产力。主要是要引导企业加快转型步伐，压缩产能，淘汰落后产业，大力发展先进制造业，升级产品，加大科技创新投入，加强技术积累和高端化发展。

一方面，智能化转型，围绕钢铁、有色、建材、石化等原材料产业重点领域，推进智能化数字化技术、人工智能、下一代移动通信技术、VR/AR（虚拟现实/增强现实）等技术，在企业的全生命周期内应用。例如，在研发设计、生产制造、物流仓储、经营管理、售后服务等关键环节，推动新一代信息技术与其深度融合，提升智能化水平。一是推动智能制造关键技术装备的应用。二是推动工业机器人、高档数控机床、3D（三维）打印装备、智能专用装备等智能制造关键技术装备在原材料产业中的应用，提升智能制造解决方案的系统集成应用能力。三是加快工业互联网建设与应用。在钢铁、有色、建材、石油化工等行业，加快工业互联网建设，完善新型基础设施建设，推动机器上云、软件上云、企业上云，构建万物互联的软硬环境。四是推进智能工厂/车间建设。加快引导企业建设智能车间、智能工厂，开展相关试点示范工作，为不同原材料行业提供产业集成方案，形成一批智能工厂/车间示范项目并大力推广。

另一方面，绿色化发展，加强以企业为主体的改造工程。引导企业淘汰污染重、能耗大、技术落后的产能，发挥企业的主体作用，促使企业主动参与废水、废气、废弃物等的改造。大力开放新技术、新工业。实施以创新为驱动的发展战略，大力发展节能技术、环保技术，通过新型工艺技术，切实降低企业单位产出所需能耗、降低污染物排放量，建立全产业链绿色化改造，建立一批绿色制造创新联盟，着力突破一批关键共性技术，以推动绿色化改造。

以完善的科技创新体系支持产业创新发展

现代化产业体系的关键是建立产业科技创新体系，培育新质生产力需要高效协同的产业科技创新体系支撑。当前，全球新一轮科技革命和产业变革正在重构世界创新版图、改变国家力量对比，世界科技强国都将产业科技创新上升到国家核心战略层面，全球产业科技创新竞争空前激烈。在此背景下，我们必须牢牢把握好新一轮科技革命与产业变革的战略机遇，完善产业科技创新体系建设，深化科技体制机制，培育新的产业科技创新主体，优化产业科技创新生态，推进教育科技人才一体化发展，不断培育和发展新质生产力。

（一）产业科技创新体系的理论溯源

《国家中长期科学和技术发展规划纲要（2006—2020年）》指出，全面推进中国特色国家创新体系建设，建设以企业为主体、产学研结合的技术创新体系，并将其作为全面推进国家创新体系建设的突破口。党的十九大报告提出，建立以企业为主体、市场为导向、产学研深度融合的技术创新体系。建设产业科技创新体系是建设国家技术创新体系的重要内容。党的二十大报告提出，完善科技创新体系，并且在企业的定位上提出"强化企业科技创新主体地位"和"加强企业主导的产学研深度融合"。我们可以看到，从技术创新体系到科技创新体系，从企业作为技术创新主体到科技创新主体，这是对企业主体地位的进一步提升，反映了企业在国家创新体系中的地位、角色、使命和任务的变化，意味着企业在技术的第一线，不仅要加强技术研发，而且要加大对基础研究和应用基础研究的投入，以产业需求为导向探索科学前沿。所以，产业科技创新体系是从产业出发，以企业为主体、市场为导向、产学研深度融合的新型科技创新体系。

（二）产业科技创新体系的构成

产业科技创新体系由什么构成？我们从国家创新体系的组成出发，国家创新体系是以政府为主导，充分发挥市场配置资源的基础性作用，各类科技创新主体紧密联系、有效互动的社会系统。[1] 产业科

---

[1] 《国家中长期科学和技术发展规划纲要（2006—2020年）》，中华人民共和国国务院，2006年第9号。

技创新体系应用包括各类创新主体、创新资源要素、科技基础设施、创新的制度环境和创新生态。其中创新主体是多元化的，包括企业、科研院所、研发机构、技术服务机构等。在产业科技创新体系中，各个主体不再是单打独斗，而必须是创新共同体。企业是从事科技创新活动的主体，在整个创新活动中占主导地位。高校、科研院所在基础研究、人才培养中有非常重要的作用，在参与产业科技创新中，能够联合企业共同解决产业实际问题。创新的载体，例如，从事共性技术研发的机构，为产业提供共性技术供给。创新的服务机构，包括检验检测、成果转化、科技金融等，在产业科技创新体系中的角色重要性也在不断提升。政府作为产业政策、创新政策的主要制定者，对营造产业环境至关重要，要为整个产业创新提供大方向，并提供公共服务和必要的法律制度保障。

（三）全球产业科技创新体系建设情况

从全球来看，世界各国都十分重视产业科技创新体系建设。以美国为例，从20世纪80年代开始，美国制造业经历了明显衰退。美国企业在本土保留核心研发，将规模制造外包或外迁的模式，导致制造业大量外迁，核心技术、研发部门等也逐步随着制造业向海外转移。这造成了美国本土产业链割裂，整个产业创新体系不完善。美国开始注重产业创新体系建设，2009年、2011年和2015年分别出台了《美国创新战略：推动可持续增长和高质量就业》《美国创新战略：确保我们的经济增长与繁荣》《美国国家创新战略》，从三个层次的金字塔形创新主体框架（以投资创新基础要素为塔底，促进市场创新为塔身，推动国家重点领域突破为塔尖）到更加关注地区创新生态系统的建设，从系统的角度营造创新环境，加强联邦政府与地方的创新协作。同时，为促进美国制造业科技创新和大规模商业化应用，支持对美国本土制造业的投资，提升美国科技竞争力，奥巴马政府决定投资成立国家制造业创新网络。2012年3月，奥巴马政府宣布，将由联邦政府投资10亿美元打造国家制造业创新网络，主要由全国范围内的15个相互联系的制造业创新中心组成。通过建设创新中心等区域性的创新"连接单元"，作为全球领先的技术和服务区域性枢纽开展服务，完善地区创新生态系统，打通创新链条，加快技术成果向市场转化，并促进跨供应链的技术创新，健全国家创新网络，进而强化国家创新体系。

（四）产业科技创新体系特征和构建举措

从产业科技创新自身看，它与科技创新有不同的特征。

一是产业科技创新更加贴近市场，市场要求创新的目标必须是价值，也就是要以社会效益为导向，研发的最终目标不仅是产业化，而且是商业化。以数字技术产业为例，数字技术创新更突出市场需求的牵引导向作用和创新成果的经济价值，从而能够更高效、顺畅地打通从经济价值、社会需求到数字产业技术创新的道路，最后产业技术与基础研究、科学发现同频共振、相互促进。

二是产业科技创新更加讲求的是多主体协同创新。传统的科研，可以由单一的主体进行持续研发，在某个领域不断探索，但产业科技创新必须是多个主体协同、齐心协力、共同贡献智慧。例如，现代复杂的工业产品，各个零部件的研发和制造往往由多个供应商完成，设计一个终端产品，必须与各个主要零部件的供应商协同研发，才能制造出最终的完美产品。如波音777、787飞机的制造案例，需要全球几百个零部件供应商共同参与设计，最终才能总装出一款飞机。对于数字技术产业而言，创新更加需要大量主体的协同。一方面，数字技术研发需要软硬协同；另一方面，数字技术研发倾向开源共享，数据、算法在开源的情况下，可以汇聚成成千上万个全球技术创新主体，无论是个人、企业还是研发机构，汇聚整个行业的优秀大脑，共同加快性能迭代优化。

三是产业科技创新需要更加重视应用和生态构建。新技术从研发到进入市场的周期更短，应用迭代的速度更快。实验室的研发要是跟不上产品的更新换代，那么最终的结局就是被淘汰。我们可以在消费电子产业看到，如果一个公司的创新跟不上产业创新的速度，那么很快就会消失。产业科技创新的护城河不仅有核心技术，还有生态，包括研发的生态、应用的生态、用户的生态。例如，数字技术产业从研发到生产，需要通过不断应用来促进技术的迭代和优化。技术创新链需要从研发到应用再到生态构建，才能完整打造技术和产业护城河。只有技术研发后形成完整的生态，才能利用规模效应，占据市场，以生态反哺技术创新。英伟达依托其在人工智能芯片领域的雄厚实力，积极布局构建"GPU+CUDA"一体化计算平台，能够支持现有大部分人工智能算法、开发框架和编程语言，形成全球主流高性能计算芯片生态。

产业科技创新体系建设要处理好三个关系。

一是有为政府和有效市场的关系。政府要积极有为，通过制度创新激发科技创新，人才激励促进技术研发，以改革引领制度供给，为产业科技创新营造健康环境。要发挥市场对技术研发方向、路线选择、各类创新要素配置的决定性作用和政府的互补性作用，有效优化配置资源，提高创新效率。

二是自主创新和开放合作的关系。充分发挥制度优势，坚定不移走自主创新道路，结合国际形势和国内现实做好顶层设计，在关键领域、"卡脖子"的地方下大功夫，集中力量攻克薄弱环节。坚持开放合作创新，扩大科技领域对外开放，充分利用国际创新资源，开辟多元化合作渠道，精准选择合作领域，加强对外科技交流合作，强化创新伙伴关系。

三是重点跨越和完善体系的关系。发挥新型举国体制优势，集中资源，协调各方力量重点突破关键领域重大科技任务，跨领域、跨行业协调推进重点领域和关键环节的科技创新，试点先行，重点推进，实现共同发展。统筹各类创新资源，建立健全以企业为主体、市场为导向、产学研深度融合的新型技术创新体系，强化政产学研用紧密结合，推动不同地区、不同行业、不同领域的科技创新，提升创新整体效能。

结合产业创新的新特征，要以满足经济和社会发展应用需求为目标，加快建设产业科技创新体系，更好支撑新质生产力培育，促进我国由制造大国向制造强国转变，由科技大国向科技强国跃升。

一是加大创新资源投入和配置力度。建立多元化创新投入体系，切实加大对产业科技创新的支持力度，完善稳定支持和竞争性支持相协调的机制。建立以金融手段支持研发和产业化的财政支持机制，选取人工智能、量子科技、集成电路、新能源、生物科技、新材料等若干重点领域，设立产业科技投资基金，采取市场化运作方式，实施重点领域的产业链投资计划。创新财政科技投入方式，加强财政资金和金融手段的协调配合，综合运用创业投资、风险补偿、贷款贴息等多种方式，充分发挥财政资金的杠杆作用，完善多元化、多渠道、多层次的产业科技投入体系。围绕产业链部署创新链、围绕创新链完善资金链，聚焦国家战略目标，探索新型举国体制，集中资源、形成合力，突破关系国计民生和经济命脉的重大关键产业科技问题。把产业科技创新体系作为产业科技任务部署的重要依据，完善资源配置机制。

二是加强共性技术研发载体建设。加快建设多层级产业创新中心，针对产业科技创新体系中存在的基础研究与产业化脱节的问题，加强顶层设计，充分整合已有创新资源，以新机制、新模式分别从国家、区域层面创建一批创新中心。依托制造业基础雄厚、研发创新实力强的省市探索重组有关机构，创建一批区域级创新中心，为区域产业创新提供共性技术、关键设备和"教学工厂"等平台。积极探索建立创新中心运行机制，建立市场化的运行机制，通过开展共性技术研发、接受企业委托开展技术研发，合理运用创新中心资源，为企业特别是中心企业提供技术研发支持。不断完善各级创新中心治理体系，利用互联网、云计算、大数据等新一代信息技术，搭建创新网络平台，实现多学科、跨领域、跨地区的资源开放共享和协同创新。

三是加强重大科技基础设施建设。加强顶层设计，统筹布局下一阶段我国大型科技基础设施建设，围绕我国"十四五"以及中长期重大科技发展需求，全面系统谋划能源、生命、地球系统与环境、材料、粒子物理和核物理、空间和天文、工程技术等重点领域国家大型科技基础设施的布局建设。统筹考虑我国重点学科科研布局和区域产业发展情况，优化各类基础设施的布局，加强与区域产业特色和经济发展的结合，逐步形成以重大科技基础设施为核心的"科技—产业"融合互促集群。做好重大科技基础设施建设过程的统一规划、论证、设计、落实、运营、维护，加强科学性、创新性、独特性以及实用性等功能建设。提升研究效能，加强对科学前沿和产业创新发展的支撑。坚持科学前沿突破和技术创新"双轮驱动"发展，做到既不断探索人类科学前沿，同时支撑产业关键核心技术攻关。提升多学科原始创新能力，服务探索性、颠覆性等重大基础研究和重大科技创新成果攻关。加强前沿领域国际合作交流，建立健全面向国内外开放共享制度，提升研究成果的国际影响力。强化服务支撑，充分结合产业发展需求，突出目标导向，加强科学、技术、产业的交叉融合和全面发展，支撑地方和国家产业创新发展。

第五章

以新技术打造经济增长新动能

习近平总书记明确指出，新质生产力是创新起主导作用，摆脱传统经济增长方式、生产力发展路径，具有高科技、高效能、高质量特征，符合新发展理念的先进生产力质态。新技术是指在科学研究和技术开发中产生的，能够带来新的产品、服务或生产方式的技术，具有先进性、颠覆性、应用广泛、持续迭代的特点。

新质生产力的关键发力点在新技术

20世纪70年代第三次工业革命以来，科技创新和提升全要素生产率成为世界各国推动经济快速发展的主要路径。尤其是近年来绿色技术、智能技术、数字技术、健康技术等新技术不断成熟，科技创新对经济增长的作用进一步凸显。新技术在产业应用层面形成了一系列生产工艺、制造模式、生产手段、生产工具，成为推动新质生产力发展的关键力量。

总的来看，新技术和新质生产力之间的关系是相辅相成的。新技术为提升新质生产力提供了工具和手段，而新质生产力的提升又推动了新技术的研发和应用，两者共同推动了产业升级和社会进步。新质生产力和新技术是推动现代社会经济发展和产业变革的两大引擎，深刻影响着全社会的生产效率和产业竞争力。具体而言，新技术在推动产业结构转型升级、提高生产效率与质量、促进企业创新能力提升等方面发挥着关键作用，推动实现新质生产力跃迁。

（一）新技术的发展现状与趋势

当前，新一轮科技革命和产业变革加速演进，涌现出通用人工智能、元宇宙、脑机接口、区块链、人形机器人等一大批新兴技术，引起世界高科技发展环境的深刻变革，伴随着新一代信息技术等颠覆性创新的持续推进，科技网络化、数字化、智能化、工程化、融合化发展特征明显，世界科技发展领域、发展范式、发展方向以及发展目标都面临着新的变化。

在发展领域方面，新技术呈现"一主多翼"态势，信息技术、新能源、新材料和生物医药成为当前科技创新的重要领域。其中"一主"指信息技术，"多翼"指新能源、新材料和生物医药技术。《麻省理工科技评论》与世界经济论坛在2018—2022年连续五年发布《全球十大突破性技术》和《全球十大突破性清单》等研究报告，其中近40%的新技术分布于新一代信息技术领域，超过60%的技术创新与信息技术有关，以人工智能为代表的信息技术交叉融合应用已成为驱动生产力变革甚至科研范式变化的主导力量。

在发展方向方面，新兴技术"数字化""绿色化""智能化"趋势明显，数字科技和绿色科技成为当前全球创新突破最多的领域。新一轮科技革命在促进数字技术跃迁的同时，也为其他技术领域的发展提供了高经济性、高可用性、高融合性、高可靠性的技术底座，构建起由数据驱动的平台化、网络化、生态化的新型基础设施集群，加速了技术数字化转型。与此同时，受化石能源日渐耗竭和环境保护要求的双重约束，推动绿色低碳技术创新和其他技术的绿色低碳转型，已成为推动实现我国碳达峰碳中和、实现经济社会绿色低碳转型的关键基础。

在发展范式方面，新兴技术"交叉融合"深入推进，跨学科、跨领域、跨专业技术的交叉融合已成为新兴技术的重要增长点。习近平总书记在2021年两院院士大会上指出，科学研究范式正在发生深刻变革，学科交叉融合不断发展，科学技术和经济社会发展加速渗透融合。随着世界科学研究既有方式的不断深入，原有路径越发难以延伸并取得进展，诸多科学家、研究人员转向交叉学科或边缘学科，推动对主要科学的新探索和新尝试。数字技术的发展加深了技术之间跨学科、跨领域的融合渗透程度，传统技术通过数字化转型不断突破现有的技术壁垒，推动催生新的交叉融合技术。

在发展目标方面，新兴技术进一步强调面向高质量发展需求，在注重经济效益的同时兼顾社会效益。科技发展产生的部分社会负外部性迫切要求我们必须兼顾社会公平、生态环境、气候变化等社会问题，实现技术创新和社会发展间的"协同演进"。党的十八大以来，习近平总书记始终强调贯彻新发展理念，指出科技发展要坚持"四个面向"。包括日本、英国在内的世界各国在新兴技术预见中也提出要兼顾技术创新的社会效益，优先发展健康、食品、生活、交通、能源领域的关键技术。

（二）新技术突破是推动培育新质生产力的主要路径

1. 新技术引领战略性新兴产业发展

新兴技术是一个国家或地区在一定时期牵引和支撑战略性新兴产业形成和发展的高技术集合体[1]，其演变和发展也主要是由科技进步和技术突破拉动的。新技术的突破通常表现为知识产权和技术发明专利等，如芯片设计、封装等；同时也包括科学界的重大科技发明及发现，如量子精密测量技术、量子通信技术领域的重大发明等。这些重大技术发明及重大科技发现为战略性新兴产业奠定了良好的基础，不断催化着战略性新兴产业的出现和发展。

纵观历史上英国、美国和日本等强国的发展历程，可见大多是抓住重大技术突破的历史机遇，引领新兴产业技术创新，在政府大力支持和社会高度重视的情况下，抢占经济发展和产业技术竞争鳌头。例如，自20世纪90年代以来，美国紧紧抓住信息革命核心的集成电路技术，实现了从1991年到2000年下半年经济持续增长110个月的最长纪录，其中1999年的经济增速度更是达到6.9%。[2] 由此可见，大国崛起和发展通常与抓住关键性新技术的突破及发展机遇密切相关，同时也证明了战略性新兴产业的成熟首先要以重大技术的突破作为发展基础。

近年来，我国围绕重点领域先进技术不断布局重大项目和重点工程，推动突破了一系列关键技术，产生了一系列核心产品，推动了新

---

[1] 李东霖.战略性新兴产业发展研究［D］.北京：中共中央党校，2015.
[2] 牛治富.科学技术的重大突破与创新是跨越式发展的前提和基础［J］.西藏发展论坛，2001（4）：23—28.

兴产业的蓬勃发展。在新能源领域，我国具有完全自主知识产权的全球首座第四代核电站——华能石岛湾高温气冷堆核电站示范工程，在稳定电功率水平上正式投产，转入商业运行，标志着我国在高温气冷堆核电技术领域已处于全球领先地位。在信息产业领域，我国成功构建了255个光子的量子计算原型机"九章三号"，再度刷新了光量子信息的技术水平和量子计算优越性的世界纪录。在生物技术领域，四川大学华西医院/威斯克生物采用昆虫细胞生产重组蛋白疫苗技术平台研发的重组三价XBB新冠病毒三聚体蛋白疫苗（Sf9细胞）率先研发成功并获批紧急使用，成为国际上首款获批的含XBB.1.5的新冠疫苗。高端装备制造领域，我国自主研制的300兆瓦级F级重型燃气轮机首台样机总装下线。我国大功率重型燃气轮机首次走完基于正向设计的制造全过程，全面进入整机试验与验证的最终阶段。C919作为我国自主研制的新一代单通道干线客机，已经获得了型号合格证和生产许可证，标志着我国具备了批量生产制造大型客机的能力，充分表明我国拥有了一款可以投入航线运营的大型客机。这些重大技术突破为产业发展提供了坚实的技术基础。

2. 新技术推动传统产业转型与升级

传统产业转型升级是以创新为基本驱动力，以适应竞争环境、提高经济附加值水平和竞争力为目标，以技术、市场、管理、商业模式、企业形态、产业联系等多维创新实践为具体形态的产业演进和变迁过程，在宏观层面表现为主导产业更替、增长动力转换、从低附加值产业向高附加值产业转换等结构性改变，在产业层面表现为技术水平、生产效率、管理能力、产品附加值等全面提升和跃进。[①]

从技术进步角度看，新技术具有的高附加值、高关联度、高渗透性等特点对传统产业转型升级具有决定性作用，一般表现为最新科技成果（如信息技术、绿色技术、智能技术等）对传统产业已有技术路线、生产工艺和商业模式的改变、渗透、改造甚至颠覆。自第三次工业革命以来，新技术的突破不仅颠覆性地改造了传统制造业，更是催生了以互联网、可再生能源、生物技术等为代表的具有融合性、交叉性的新兴产业，通过促进产品生产与服务的交叉融合，提供了全球各类传统产业与互联网、信息技术、"低碳"等新技术、新产业融合发展的产业升级机遇。

具体来看，传统产业转型升级主要是通过结构性调整和新技术改造，在提升行业内企业技术创新能力的同时，使发展重心进一步转向高附加值的产业领域或者产业链高端环节。在转型发展中，一批企业借助技术改造和设备更新，尤其是通过进行以信息化、智能化、自动化等为重点的技术改造，强化核心基础零部件（元器件）、关键基础材料、先进基础工艺、产业技术基础等"四基"建设，重新梳理企业发展战略并导入新技术、新工艺、新装备和新模式，进而实现产品创新、模式创新和流程创新，以高附加值产品取代传统的落后产品，逐步摆脱产业链低端环节"被锁定"的局面，变低端市场的"红海"为中高端市场的"蓝海"。同时，部分企业通过加大研发投入和设计投入、建设自主销售体系，使业务领域从粗放式的加工制造环节，向高附加值的研发、设计、销售及售后服务等"微笑曲线"两端延展，进

[①] 刘勇. 新时代传统产业转型升级：动力、路径与政策[J]. 学习与探索，2018（11）：102—109.

而占据产业链高端环节，甚至实现全产业链布局发展。近年来，我国钟表行业抓住内需市场消费升级的机遇，建立了一批具有国际水准的钟表设计制造系统，围绕新材料、新技术、新工艺加大研发力度，开发具有自主知识产权的新产品，对"技术引进—消化吸收—自主创新—技术突破"的创新路线进行了良好的实践。

3. 新技术推动产业链、供应链优化升级

产业链、供应链安全稳定、优化升级是构建新发展格局的重要基础，是培育新质生产力的重要抓手。重点产业链、供应链高质量发展，对构建现代化产业体系具有关键作用，事关国家安全、经济发展和民生福祉。我国将以新一代信息技术为代表的新技术与制造业融合发展作为提升实体经济发展质量、畅通国内大循环的重要举措。《中华人民共和国国民经济和社会发展第十四个五年规划和2035年远景目标纲要》（以下简称《"十四五"规划》）明确提出，提升产业链供应链现代化水平，分行业做好供应链战略设计和精准施策，推动全产业链优化升级。制造业比重保持基本稳定，巩固壮大实体经济根基是实现制造业高质量发展的基础支撑。

当前我国已成为世界第二大经济体和第一制造大国，但整体看，我国产业发展的质量效益有待提高，高端供给不足、自主创新能力不强。产业竞争不仅是企业之间的竞争，更是产业链、供应链之间的竞争。深化新技术与制造业融合，有利于以信息流带动技术流、资金流、物资流自由流转，畅通国内大循环，有效提升我国产业链稳定性和竞争力，实现全产业链质量变革、效率变革、动力变革，加快培育新质生产力，助力经济高质量发展。

一是新技术有利于产业链、供应链运行效率提升。随着人工智能、区块链、5G、工业互联网、标识解析、智能传感等技术的快速发展，技术在产品流通的采购、生产、仓储、物流、交付等供应链各节点应用愈加紧密，逐步实现全链条的数据流转、资源优化、业务集成、流向管控、产品追溯。尤其是随着工业互联网平台节点深入建设和普及应用，供应链上下游企业利用平台，在不同程度上实现了业务系统对接集成和数据编码统一，充分利用汇聚的设备、资金、人才、知识等制造资源，开展协同采购、协同制造、协同物流，加速产业链云端协同一体化运作，革命性地提升了供应链整体的运行效率，增强了产业链、供应链的敏捷性。

二是新技术有利于产业链、供应链模式创新和价值创造。新技术的融合应用不仅赋能了供应链的高效运转，更驱动了运营模式发生根本性转变，供应链金融、共享制造等新模式持续快速发展。例如，基于区块链技术开展的供应链金融，通过构建"多中心体系"确保信息公开透明且不可篡改，显著降低了成本和交易风险；工业互联网平台使供应链上下游企业能够在线交易和协同生产，快速提升了需求导向的响应、交付能力，实现了产业链、供应链价值整体跃迁。

三是新技术有利于产业链、供应链安全性和稳定性增强。受新冠疫情给全球产业链、供应链运行安全带来的风险挑战，部分企业利用大数据、云计算等新技术对生产、流通等各环节的供应能力进行动态监测，大幅提升了供应链风险预警能力。企业针对不同国家、不同区域、不同物流路线和不同供应方案，对企业供应商体系进行战略布局。同时，企业依托工业互联网平台成功构建供应商资源池和储备库，提升了国内产业链上下游产品的供给能力，持续增强了产业链、供应链的稳健性和风险应对能力。

加快新兴技术识别和培育

（一）新兴技术的识别标准与流程

"新兴"代表着科技创新的趋势与方向，新兴技术的诞生则代表了推动新一轮科技创新和产业变革浪潮的重要力量，引领着全球经济、产业和社会发展。为了把握新兴技术的发展态势，尽早布局战略性新兴产业，世界各国纷纷布局开展新兴技术识别工作，以抢占技术发展的先机和制高点。早在2011年，美国情报高级研究计划局就部署了"科技动向理解与预测"（FUSE）项目，旨在通过挖掘各新兴领域的文献信息，发现技术发展模式、规律及发展转折点；2013年，欧盟启动"未来和新兴技术计划"（FET）项目，提出要建立一套评估、评价和监测新兴主题的框架模型；2021年我国印发《"十四五"规划》，提出着眼于抢占未来产业发展先机，培育先导性和支柱性产业，推动战略性新兴产业融合化、集群化、生态化发展，战略性新兴产业增加值占GDP（国内生产总值）的比重超过17%。因此，加强对新兴技术的预测、识别研究，不断丰富完善新兴技术识别的理论、方法论和识别体系，对尽早把握世界新兴技术发展趋势，及时准确捕捉和辨识技术发展机会具有十分重要的战略与现实意义。

1. 新兴技术的主要特征

新兴技术一词来源于英文"emerging technology",2000年宾夕法尼亚大学沃顿商学院出版的《沃顿论新兴技术管理》对其做出定义:一种基于科学的创新,有可能建立一个新行业或改造一个现有的行业。[①] 该定义着重强调了新兴技术的创新性。与此同时,全球基础设施/标准工作组将新兴技术定义为:已经可以成功实现的,但是还没有被广泛运用的足够成熟的技术。[②]

学者围绕不同研究角度和研究目的,从不同层面对新兴技术的主要特征进行研究分析,其中比较有影响力的是罗托洛从知识生产过程中归纳的新兴技术的概念,并依据复杂系统理论、本体论和认识论等,提出新兴技术的五个特征,即新颖性、增长性、连贯性、影响性和不确定性。[③] 其中,新颖性代表新兴技术不仅源于技术的革命性突破,也可以通过对现有技术的新应用而产生;较快的增长代表新兴技术涉及的参与者(如科学家、大学、企业、用户)数量、政府/私人投资、知识产出(如专著、专利)、产品和服务等快速变化且急剧增长;连贯性代表新兴技术可以自我维持和持续发展;影响性包括对技术、社会和经济等方面的影响;不确定性是指新兴技术所需的科学基础和所处的市场环境等是动态变化的,因此不确定,具体包括技术不确定性、需求不确定性和竞争不确定性。

综上,我们可以认为新兴技术是以科学为基础的创新,在发展早

---

① 乔治·戴,保罗·休梅克.沃顿论新兴技术管理[M].石莹,等,译.北京:华夏出版社,2002.
② Global Infrastructure /Standards Working Group. Meeting Summary [C]. San Francisco, California,2003.
③ Rotolo D, Hicks D, Martin B R. What is an emerging technology?[J]. *Research Policy*, 2015, 44(10): 1827—1843.

期具有较高的新颖性并有相对快速的发展，且技术具有不确定性，随着时间的推移，技术呈现连贯性且不确定性减弱，在发展后期显示出一定的社会经济影响性。

2. 新兴技术识别标准

新兴技术识别指标的全面性、科学合理性和可操作性直接决定了识别结果的准确性和可实现性。当前，各界对新兴技术尚未形成统一的标准，因此识别维度也基于研究者视角和理解不同而有所不同。一般来说，新颖性、不确定性、影响性等是国内外研究者普遍认同的指标内容，不断扩充和丰富识别指标。我们结合罗托洛给出的新颖性、增长性、连贯性、影响性和不确定性五个特征维度梳理归纳国内外学者的主要识别指标和判定方法，见表5-1。

表 5-1 新兴技术特征的识别指标

特征	识别指标
新颖性	新词出现时间
	论文平均发表年、专利平均授权年
	权利要求平均数
	主题相似度
	曲线拟合
	引文位置/集群
增长性	主题数量
	主题增长率
	专利增长率
连贯性	主题词持续出现的时间
	集群结构
影响性	专利家族数
	用户支持率、专利转化率
	被引次数
	作者/专利权人/用户数量

续表

特征	识别指标
不确定性	网络中心性
	知识网络社区、强联通和弱联通数量的平均变化率
	投资来源

资料来源：杨思洛、江曼，《新兴技术内涵特征和识别方法研究进展》，2023.5。

具体而言，关于新颖性特征，主要包含某个技术主题或术语产生的时间远近等指标，代表着新技术诞生时间的早晚等；关于增长性特征，主要根据技术主题、术语数量、专利数等指标随时间变化的趋势情况进行判别，主要代表着新技术的萌芽情况；关于连贯性特征，主要借由术语、主题或集群的存续时间等指标进行识别，代表着新技术的发展延续性。需要注意的是，目前研究者尚未就存续多长时间可被认定为具有连贯性特征得出统一结论；关于影响性特征，主要从技术影响性角度进行判断，包括被引次数、作者数量等；关于不确定性特征，主要根据网络中心性、知识网络社区、强联通和弱联通数量的平均变化率等指标来识别新兴技术的不确定性、需求的不确定性和竞争的不确定性等。

3. 新兴技术识别流程和方法

新兴技术识别是采集、整理、加工、分析已有技术信息，通过一定流程和方法判断哪些技术属于新兴技术的过程。目前对于新兴技术的识别尚未形成公认的特定流程和方法，不同学者依据不同的研究角度和分类方法，对新兴技术识别的流程有不同的研究方式。一般来看，新兴技术识别基本包含数据源、识别路径、识别指标和有效性验证四个层面的重点工作。

一是新兴技术识别数据源。数据源是开展新兴技术识别的核心信息来源，数据源选取的合适与否直接决定了识别工作应采用的指标、模型，并直接关系到因数据源特点不同而获得的信息维度。近年来，随着新一代信息技术等信息挖掘技术的不断突破，数据信息获取的便捷度、宽度、深度不断拓展。数据源主要包括论文、专利数据、科技领域的规划政策、自然基金项目、社交媒体等数据，以及各类数据源的交叉组合。各类数据源的优劣势对比详见表5-2。

表5-2 新兴技术识别数据源的优劣势对比

数据源	优势	劣势
论文	可以在技术早期捕获技术发展的动态信息	与市场契合度不高，识别到的信息更偏向于新兴研究主题；存在一定的时滞性
专利	是技术信息的载体，体现了技术与市场信息	存在较强的时滞性
科技规划和基金项目	反映技术创新的重点部署与未来方向，具有公信力，对新兴技术识别结果有一定的验证效用	受其他外界因素影响，新兴技术监测的灵敏度相对较低
社交媒体	全面、多元、即时、广泛	不能作为单一数据来源
多源数据	可以克服单一数据所造成的系统偏差	多源数据的格式不统一、层次多样，对其有效地融合难度较大，工作量大

资料来源：杨思洛、江曼，《新兴技术内涵特征和识别方法研究进展》，2023.5。

二是新兴技术识别路径。在新兴技术识别的过程中，技术识别的颗粒度是重要环节。根据技术构成的知识单元层级，某一领域的技术由诸多不同的技术主题构成，同时下层可进一步由若干技术术语进行细分。随着新兴技术识别研究的不断深入，技术识别单元已经从技术主题下探到技术术语的微观层面。按照技术单元的识别顺序，现有的识别方法可大致归纳为以下两条路径。其一是基于主题的新兴技术识别，即通过识别指标构建情况识别出满足指标要求的技术主题，再进一步分析构成该技术主题的技术术语。该条路径主要包含专家法、时序网络法、机器学习法等。其二是基于术语的新兴技术识别，即通过识别出具有新兴特征的技术术语后，进一步归类出新兴术语代表的技术主题。该条路径主要包含词频分析法、机器学习法等。两条识别路径的特点及优势详见表5-3。

表5-3 两条识别路径的特点及优势

分类	特点	优势	重点
基于主题的识别路径	从系统学角度自上而下开展	通过技术子群的演化关系解释技术演化路径；可以运用较多的网络结构指标；技术主题在技术形态上更具稳定性	对技术主题的划分
基于术语的识别路径	从新兴技术形成机制角度自下而上开展	对新兴技术形成机制更具解释力；术语划分具有唯一性；术语层面更细粒度的解读；可以在新兴技术早期捕获发展信息	对技术术语的抽取

资料来源：杨思洛、江曼，《新兴技术内涵特征和识别方法研究进展》，2023.5。

三是新兴技术识别指标。指标设计是识别环节的核心，指标的全面性、合理性、科学性及可操作性直接决定了识别结果的准确性、预见性和可实现性。具体指标已在前文进行描述，此处不再赘述。参考指标详见表5-1。

四是新兴技术识别有效性验证。识别结果的有效性验证容易被学者忽略，也是目前各种新兴技术识别方法面临的共性问题。在现有研究中，新兴技术有效性验证方法可以归纳为四种，即专家验证法、现实验证法、对比验证法、指标验证法。各类方法的对比详见表5-4。

表 5-4 有效性验证方法的比较

方法	性质	步骤	局限
专家验证法	定性	根据专家经验知识，针对候选新兴技术结果做出选择与评判；或设计专家调查问卷，针对技术发展阶段预估技术实现的时间与条件，与识别结果相佐证	主观性较强，标准不一致
现实验证法	定性	根据政策文件、基金投资、技术产业发展调研等对识别结果进行人工解读与旁证	技术细粒度不同；不适用新兴技术的早期监测及预测
对比验证法	定量	与已有文献中相同新兴技术的识别结果进行对比，以验证本识别方法的准确性或性能改进之处	实证选择的技术领域需要与对比文献一致
指标验证法	定量	设置一套用于评价识别结果的指标，以验证新兴技术识别方法和指标体系的有效性	不能与技术识别指标存在线性关系

资料来源：杨思洛、江曼，《新兴技术内涵特征和识别方法研究进展》，2023.5。

（二）新兴技术的培育策略

新兴技术通过对现有技术的优化改进甚至颠覆重构，对现有产业结构、产业格局和态势造成巨大影响，并进一步培育了新的市场需求。急需围绕传统产业转型升级和新兴产业布局的关键环节、模式功能、评价原则建立起新兴技术的培育模式框架。新兴技术供给环节需要完善战略性新兴产业的任务选题机制，突出问题导向、产业导向和需求导向。新兴技术转化环节需要发挥有为政府和有效市场作用，用好政府资金的引导作用和放大效应。新兴技术应用环节需要加强适合战略性新兴产业发展的政策举措。例如，充分利用好首台套、首批次等政府采购政策举措，推动国货国用，为战略性新兴产业发展培育早期市场，加快新型技术产业化应用迭代。

1. 新兴技术方向识别

新兴技术作为推动传统产业转型升级、培育布局战略性新兴产业的重要引擎，具有较强的不确定性和前瞻性。在新兴技术发展初期，往往需要投入巨大的研发成本，还需要面向未来的产业需求做好预判，抢占"无人区"，满足国家的重大战略需求，同时需要具备应用于各类产业领域的长远价值，满足一国经济发展需求。另外，将新兴技术中具备颠覆性、破坏性的技术作为革命力量，往往也会颠覆已有的产业结构和产业运营体系。例如，美国太空探索技术公司（SpaceX）通过自主研发掌握了世界领先的火箭一级回收、整流罩回收、模块化组装和可重复使用等新兴技术，成功实现了"猎鹰9号"火箭回收，对商业航天产业及相关龙头企业造成了巨大冲击。需要注意的是，在新兴技术方向和需求识别的过程中需谨防方向性错误，更要注意规避技术先进国家为稳固技术壁垒而实施的战略引诱和误导。前文已对新兴技术的识别指标、流程、方法进行了论述，此处不再赘述。

2. 新兴技术组织管理

新兴技术呈现出交叉性、融合性、离散性和跨越性特征，其创新模式不再是传统的线性和链式模式，而是逐步演变为多元主体协同创新的新模式，依靠学术界和产业界单一的创新力量和创新资源已较难取得突破。需要调动政府、企业、大学、科研院所、学会等各类创新主体的研发力量，强化协同，最大限度发挥各主体的创新能力，提升科技资源配置效率和技术创新协同，进而降低新兴技术发展的风险。

一是创新科技计划协同管理模式。新兴技术创新性强，在传统的科技计划管理中，管理人员权力有限，重要事项依赖集体决议，导致行政审批程序多、时间长，难以满足新兴技术对时效性和快速迭代的管理需求。大学、科研院所等学术机构新兴技术创新成果多但转化困难，产业界更注重需求导向的应用性研究，忽略对技术的基础性、原创性研究投入，导致产学研之间技术转移困难，影响新兴技术创新效率。因此急需由龙头企业牵头，大学、科研院所、企业、学会及中介机构等联合形成创新联合体，充分利用各类创新资源，以新兴技术突破为目标进行技术合作、共享、转移和创新，激发创新活力。

二是创新科技项目动态管理机制。新兴技术研发难度大，具有动态性和多变性，需要动态的管理模式。根据科技任务关键点以及内外部环境等因素，要在新兴技术不同发展阶段对科技项目持续进行管理方式和重点的调节，进而保障科技项目管理的科学性和有效性。这样既能够避免因干预过多而错失新兴技术创新机遇，又能防止因管理过于宽松而出现投机行为。与此同时，还需建立不同技术并行的新兴技术竞争、退出机制，避免在错误的技术路线上发生资源投入过多、布局时间过长等现象，延误战略性新兴产业发展机遇期。

3.新兴技术示范应用

新兴技术产业化对发展战略性新兴产业十分重要。由于新兴技术领先于现有市场，一般在技术成熟前不存在成熟的市场需求，能否快速被市场接受事关技术创新的成败。[1] 因此，为技术创造有效的市场需求是新兴技术创新取得成功的决定性因素。例如，政府通过采用对重大装备、关键产品加大政府采购力度，将科技研发项目与国家战略

---

[1] 许泽浩，张光宇，黄水芳.颠覆性技术创新潜力评价与选择研究：TRIZ 理论视角［J］.工业工程，2019，22（5）：109—117.

需求结合，为新兴技术向产业转化提供市场应用场景等措施，加快技术产业化应用迭代。探索构建新兴技术产品应用场景、培育发展示范机制，发挥引领性、示范性作用，对于推进新兴技术、加快成果转化与产业化具有重要意义。

由于新兴技术路线和前景不明确，从理论孵化阶段到产业规模化应用阶段的阻力要大于一般技术创新，需要以推动重大科技创新为核心、以创新体制机制为主攻方向，前瞻性布局重点技术示范区，推动颠覆性技术应用。例如，前瞻性布局未来产业创新应用先导试验区，可以统筹推进科技、主体、业态、组织、政策融合创新，提升科技资源配置效率，促进科研、科教和科创融合，对加快形成我国未来产业发展具有重要意义。

4. 新兴产业评价模式

新兴技术具有强不确定性和风险性，呈现出"高风险、高回报"特点，急需形成注重创新、包容失败的评价理念。一是形成营造活跃创新环境的容错机制。如若技术创新因受路线选择或其他不可控因素影响而无法达到既定目标，应视具体情况对研究者及其所在单位适当包容。但对于研究本身的不确定性或者学术不端导致的研究失败，应严肃追责，营造勇于挑战的创新创业氛围。二是推动形成以同行评议为主的评审方式。新兴技术的知识范畴因前瞻性、颠覆性等，往往涉及多个学科领域，聘请具有多学科背景的专家参与技术评审会议有助于丰富技术评价多元性；项目申报人与评审专家形成多轮沟通的扶优式评审模式，能够在不断交流中孵化出具有颠覆性、前瞻性的创新项目。三是优化评审标准。项目评审的重心应放在研究立项依据是否充分、技术研判是否合理、技术目标具备的颠覆性程度等方面。参考国外类似项目的项目评价及项目经理淘汰机制，建立多种新兴技术路线并行、公开透明的技术竞争与退出机制。

探索新兴技术包容审慎的治理机制

在第四次工业革命背景下，以人工智能、大数据、区块链为代表的新兴技术呈现出更大范围的颠覆性、更高程度的不确定性、更不均衡的赋权特征，对未来产业和战略性新兴产业产生了深远影响。近年来，由于转基因技术、核技术等代表性技术在应用中的舆论和风险，学术界、产业界、政府甚至公众都对新兴技术在应用时的潜在破坏力有了进一步的认知。[①] 党的二十大报告指出，到 2035 年，我国要基本实现国家治理体系和治理能力现代化。新兴技术治理作为国家治理体系的重要组成部分，不仅需要探索新的治理模式、工具、机制和流程，还必须以政策、规范等作为抓手综合考虑各类政治、文化、经济等背景，深刻理解新兴技术对社会、产业发展的支撑和潜在风险。

（一）新技术治理的重要意义

在新一轮科技革命和产业变革背景下，新兴技术的突破性发展对

---

① Kuhlmann S, Stegmaier P, Konrad K. The tentative governance of emerging science and technology: a conceptual introduction [J]. *Research Policy*, 2019,48(5):1091—1097.

治理体系提出了多样化的新挑战，探索新兴技术治理路径已成为世界各国的重要议题。从我国的实践来看，以人工智能、量子技术、基因编辑、元宇宙、纳米技术、核能技术、区块链等为代表的新兴技术持续涌现，对经济社会产生了愈加深远和广泛的影响，主要有以下三方面风险。

1. 新技术革命引发安全风险

从历次工业革命的经验来看，新技术的突破会给社会发展及环境带来巨大的改变与冲击，也会影响社会运作、政府体制、法律法规甚至国际政治经济版图的调整。21世纪以来，全球社会经济发展迎来新机遇，新兴技术突破在提升人类改造自然能力的同时，也存在短时集中释放负面效应的风险。新兴技术的快速迭代带来了巨大的不确定性和广泛的影响，给现有法律法规、传统道德伦理、政府监管及治理秩序带来冲击，使新兴技术安全问题越发棘手。近年来，基因编辑技术、人工智能技术、脑机接口技术等前沿科学迅速发展，给人类社会带来的潜在伦理风险逐渐显现，我们急需高度关注科技革命和产业变革对社会产生的颠覆性影响，防范新兴技术突破带来的震动性影响，充分释放科技创新推动社会发展的正向动能。

2. 颠覆性技术带来产业变革风险

颠覆性技术复杂程度高、影响深远且广泛，具有潜在破坏性和变革性。颠覆性技术可以通过替代传统技术或主流技术的方式，对产业结构、社会发展路径、社会文化等产生颠覆和重构，进而引发一系列变革，并且随着技术不断迭代升级和交叉融合，颠覆性技术带来的不确定性将叠加升级。例如，人工智能、大数据、工业互联网等新一代信息技术的加速突破，推动产生新业态、新产业、新模式，在推动现有产业结构升级的同时，可能引发产业链、价值链、创新链、供应链的重构。同时，颠覆性技术的发展不仅是线性过程，而且是如同核裂变反应一般产生二级、三级甚至四级影响，直至传统产业完全被颠覆，现有供应体系、产业格局、大国竞争业态完全被颠覆。因此，颠覆性技术创新通常被认为是大国博弈的"规则改变者"，所带来的潜在的产业变革风险十分重要。

3. 新兴技术成为大国博弈的重要战场

近年来，以美国为代表的西方先进国家不断呈现技术民族主义态势，并在美国智库、学术界的推波助澜下愈演愈烈，使技术领域成为美国战略界认定的大国竞争的主要舞台。伴随着量子信息、5G等新兴技术给世界带来的巨大影响甚至是革命性变化，科学技术在大国政治博弈、经济竞争逻辑下变成驱动全球化发展的核心，并不断演变成为全球化竞争的重要领域。新兴技术取代传统地缘政治、经济竞争等要素，可能打破经济与军事的平衡，成为大国竞争的重要战场。一方面，新兴技术具有潜在破坏性和革命性本质；另一方面，大国博弈"落后即出局"的严酷性决定了世界各国将技术安全化的战略思路。因此，新兴技术创新模糊了传统军事冲突边界，进而引发了被保护国在大国延伸威慑下发生小规模冲突，给国际安全带来诸多不稳定因素。

（二）新兴技术治理困境的应对路径

为了应对新兴技术治理新发展态势，学术界研究提出了多种治理路径，其中较有代表性的包括自反性治理、预期治理、适应性治理、实验主义治理、敏捷治理、试探性治理等。我们借鉴亨普希尔[①]为应对技术创新治理建立的比较框架原则，采用亲和关系图分析现有新兴技术治理路径的关键因素，主要包括：一是治理目标，即治理路径主要解决的问题或应用目的；二是治理工具，即治理过程中采用的核心方法、政策工具及理论依据；三是治理主体，即在共识形成的过程中关注的重点主体；四是治理模式，即多元治理主体的互动机制、协商机制或协作机制；五是监管响应，即政府机构通过法律、行政规则或标准采取的正式行动，干预新兴技术发展的时机或方式。我们对六类治理路径进行了比较，将其分为三大类，见表5-5。

一是前置型应对路径。治理主体如果能在技术发展初期就认识到技术可能导致的负外部性及颠覆性，就可以通过多主体参与的预先谋划做好应对预案，降低新兴技术发展上游的不确定性及风险耦合效应。同时，前置型应对有助于防范潜在的颠覆性破坏效应，为本源性和次生性治理问题提供应对方案。同时，多元治理主体在一定程度上也可以应对新兴技术治理结构失衡问题。

二是响应型应对路径。考虑到新兴技术带来的变化比以往任何时候都更迅速、更复杂，在无法进行早期预见的情况下，采用鼓励多元主体下游参与的应对路径，可以增强应对策略的弹性和适应性，实现新兴技术支持和监管的快速响应。同时，响应型应对路径能够面向变革需求进行灵活的结构重构和流程再造，对破解结构性治理困境具有重要意义。

---

① Hemphill.T.A. The Innovation Governance Dilemma: Alternatives to the Precautionary Principle [J]. *Technology in Society*, 2020,63(4):101381.1—101381.9.

表 5-5 新兴技术治理困境的主要应对策略比较

类别	治理目标	治理工具	治理主体	治理模式	监管响应
自反性治理	解决突发事件和寻找替代方案，塑造社会发展，包括不确定性、异质性、路径依赖性	转型管理和自适应管理，侧重于问题处理的特定方面	包括广泛的行为者，从国家到利益集团、生产者和消费者、科学家和媒体等	迭代参与涉及风险评估和价值取舍不能只由科学决定，而是通过社会话语或治理过程来决策	通过构建探索性场景避免锁定，整合了各种参与者的感知和期望
预期治理	增强参与者的远见，参与能力和整合能力，专门为促进美国纳米技术筹资政策开发	继承和发展了实时技术评估理论的工具	强调技术治理中自然科学家—社会科学家两大类主体的对话	建设科技决策共同体，讨论公众在技术研发早期阶段的参与问题	过程导向，关注治理过程的互动性和有效性，强调利用远见来降低风险并增强在事件发生早期做出反应而不是后期对事件做出反应
适应性治理	为多中心、嵌套、准自治组织，必须应对快速的变化和高度的不确定性	正式或非正式制度、网络、行动者网络；多中心治理；实验社会	有三种情况：只有政府及其正式机构、政府模式、网络模式；市场模式、私人部门行为者大量参与	随着时间的流逝，传统的政府机构让位于更大范围的公民参与和市场干预，从上而下过渡到自下而上	面对扰动事件时，社会生态系统应进行重组和调整
实验主义治理	旨在通过试验的思维理念和方法来提升治理实践的科学性和有效性	临时性目标设定与修订，以政策试验的方式和理念推进的目标	中央政府、地方政府、政府体系的外部利益相关者，注重塑造多元主体合作的治理格局	参与式合作，由自上而下面上的学习过程的协调中表现为在小范围试验，然使用网络而不是等级制度，新行动者的参与以及民间社会的参与所促成的；纵向放权	渐进性探索，在实践中表现为在小范围试验，然后总结经验，最后推广扩散

131

续表

类别	治理目标	治理工具	治理主体	治理模式	监管响应
敏捷治理	在面对复杂性与不确定性的过程中提高决策的适应能力	政策实验室、监管沙盒，通过使用技术增强敏捷性	治理者与多元利益相关方	通过让更多的利益相关者参与到流程中并允许快速迭代，以满足被治理者的需求以及私人部门和民间社会分担工作量，从而保持相关制衡	通过创建机制以持续监控和升级管理新兴技术的政策，使决策更具包容性，从而确保长期可持续性
试探性治理	通过动态过程以非最终方式管理相互依赖性和突发事件，旨在捕捉参与者为创造探索和学习的空间进行的尝试	采用启发式方法，基于试验和经验评估实现治理的兴起和发展	包含广泛的参与者	开放式参与模式，利益相关者可能会在高层广泛参与治理过程	具有灵活性，并为学习提供了机会，以便在新兴技术研究的早期阶段应对不确定性问题

资料来源：胡雯，《新兴技术的治理困境与应对路径》，2023。

三是试探型应对路径。在前置型应对路径和响应型应对路径的基础上，当面对技术界定不清晰、技术方向有争议、技术目标不断变化的情况时，需要制定新的以自然科学和社会科学为基础的战略和程序，帮助决策者管理新兴技术的创新收益和风险成本问题。试探型应对路径以支持自由的知识创造为核心，避免将某些特定群体、部门或活动选作对象进行单独治理，从而使治理目标变得动态灵活。

（三）新兴技术敏捷治理的主要路径

新兴技术创新的复杂性不仅需要以新型治理方式来解决技术发展速度、跨国影响和社会影响等问题，还需要关注新兴技术和产业发展对劳动力市场、社会环境的潜在影响。2018年，世界经济论坛提出了敏捷治理的概念，[①] 用以思考第四次工业革命中科技相关政策的制定问题。敏捷治理是一套具有灵活性、流动性、柔韧性的方法，是一个具有包容性，自适应和可持续的决策方法和决策过程。敏捷治理具有参与主体广泛和治理时间灵敏两方面特征。一方面，敏捷治理让更多的利益相关者参与到治理流程中，并建立特定机制持续监控和升级管理新兴技术的政策，确保各方机制长期可持续。另一方面，敏捷治理为快速发展中的变化做准备，为实际的或可感知的最终用户价值做出贡献。

1. 敏捷治理原则

在新兴产业中，技术创新的成本收益与风险具有高度不确定性，

---

① World Economic Forum，Agile Governance Reimaging Policy-making in the Fourth Industrial Revolution [EB]. White Paper，2018.

导致政府机构难以制定针对性强的监管治理原则和标准。由此，敏捷治理的原则只能依赖理念上的法律指导，无法制定具体标准判断行为主体正确与否。尤其是在新兴技术涉及公共利益时，政府部门只有更快速地反应并介入，才能最大限度地控制风险。因此，针对新兴产业的监管需要一定的政策灵活性，并将理念层的法律指导与具体的监管政策有效结合使用。在法律层面相对明确的治理原则指导下，使用灵活的政策工具作为补充，依据情况及时调整。

2. 敏捷治理关系

在新兴产业的发展过程中，企业相比政府部门对自身技术创新的速度和潜在影响更加了解，具有技术垄断的重要优势，可以弥补政府等监管者在信息上的盲区。因此，在敏捷治理的理论逻辑中，新兴技术的监管者和被监管者之间的深入交流可以使监管者正确评估风险并合理制定规制，双方存在重要的依存关系，政府与市场边界也相对模糊。在敏捷治理模式中，政府部门要清醒地研判新兴技术背后的利益博弈，通过不断扩大政策制定中利益相关者的范围，避免特殊利益群体的形成；企业也应加强公共政策研究，及时与政府进行坦诚有效的沟通，进而建立良好的政府市场互动机制，促进合作共赢。

3. 敏捷治理工具

在传统行业治理中，监管者只有发现问题、确定问题之后才会实施监管，表现出过程慢、力度大的特征且政策工具以惩处为主。这就导致企业更趋向于利用各种方式规避、应付监管。敏捷治理模式下，围绕新兴技术的治理措施要下手快、力度轻，既可以减少企业技术路径和商业模式的转变损失,又可以使企业快速了解政府对产业的治理方向。与此同时,敏捷治理不代表不治理,在面对企业对于政府的引导置之不理等情况时,监管者也需要采取有针对性的严格措施进行惩处。

4. 新兴技术敏捷治理路径

由传统产业向敏捷治理转变,政府应重点考虑建立灵活的、动态的、可持续的治理理念,要持续做到适应产业、技术和商业模式的变化,引导企业思考技术路径选择,实现监管和创新之间的双向动态关系。具体来看,向敏捷治理转变具有以下三条路径。第一,实现多目标间平衡。敏捷治理目标不是简单的效益最大化,而是多元与共赢,既要追求及时性,也要保障全面性。在鼓励创新的同时也要防范治理风险,统筹治理全面性和治理及时性。第二,追求过程动态优化。一方面,引导新兴技术创新主体、法律从业者、政府监管部门共同参与,结合多方利益,保持监管方与被监管方对监管思路和创新导向的双向动态互动。另一方面,采用互联网、大数据等科技手段作为政策分析、模拟的基础和辅助工具,构建大数据分析平台,从中掌握事物发展的内在规律。第三,促进工具灵活转化。在政策制定阶段,政府应厘清政策导向,明确政策试探性和指向性的特征。在政策实施阶段,鼓励采用助推式的政策逻辑,避免硬约束工具的使用,切忌"猛刹车、快刹车",充分利用引导性的手段达到最佳的政策效果。

加快新兴技术转化形成经济价值

（一）我国推动新兴技术突破存在的问题

其一，原始创新能力不强，重点领域"卡脖子"现象仍存在。我国长期实行引进、消化、吸收、再创新的创新路径，国内企业存在较严重的重引进、轻消化问题，陷入"引进—落后—再引进—再落后"的困境，导致自主创新能力不强，重点领域关键环节被"卡脖子"现象显著。例如，在生物医药领域，我国在高精度科学实验仪器、分离系统耗材、核心菌种等领域尚未形成具有国际影响力的企业和产品，大分子药生产设备、原料培养基等装备国内市场占有率不足20%。电子信息领域，ARM（电子产品处理器架构）、Linux开源体系、RSA（非对称加密算法）、Wintel系统（由微软与英特尔联合研发）等底层技术仍掌握在国外龙头企业手中。在新能源汽车领域，虽然我国已在整车出口方面连续多年实现全球第一，但在车规级芯片、车载传感器、车用操作系统等核心软硬件技术方面仍高度依赖进口，其中车规级芯片自给率更是不足10%。

其二，创新体系整体效能不高，科技创新生态有待完善。当前，我国创新体系整体效能不高，战略科技力量布局有待优化，科技投入产出效益较低，科技人才队伍结构有待优化，科技评价体系尚不适应科技发展要求。特别是产业链、创新链、人才链、资金链一体化融合不够，高校、科研院所等研发机构考评机制与产业需求导向的关键核心技术攻关需求不匹配，缺乏有效的科技成果转移转化机制。尽管我国规模以上制造业企业研发经费与营业收入比例逐年提升，2022年达到1.55%，但仍低于发达国家2.5%~4%的平均水平。从国家有关部门到地方，已经形成了以国家实验室、国家重点实验室、工程技术中心、技术创新中心、制造业创新中心等为支撑的制造业战略科技力量体系，但创新载体功能定位缺乏统筹、创新资源难以形成合力等问题依旧存在。

其三，科技投入仍然存在结构性短板。我国科技投入总量仍然偏低，2022年我国研发经费投入强度为2.54%，而同期的美国为3.5%。特别是基础研究投入，尽管近年来增长加快，但与发达国家的差距仍然十分明显。2022年，我国基础研究经费占比达到6.57%，距离国家《"十四五"规划》8%以上的目标尚有较大差距。投入结构不合理，尚未形成多元化投入机制。财政科技投入占财政投入总量的比例不高，且财政科技投入中的研发投入、基础研究投入偏低。在财政支持基础研究项目方面，持续稳定支持不足。科技资源配置不合理，难以保障科研人员潜心研究。

其四，国际创新环境越发严峻，美西方打压遏制手段层出不穷。近年来，美国针对我国科技进步采取了"小院高墙"策略，推出了阻断科技交流、实体清单、出口管制、限制投资并购等一系列措施，致使中美科技合作基础发生了重大变化。例如，2018年美国出台的《出口管制改革法案》强化了其出口管制权力，试图通过重塑全球科技、数据等合作规则，对我国科技发展进行遏制。再如，针对我国集成电路领域的科技创新，美国商务部产业和安全局提高限制先进制程技术出口门槛，从扩大限制先进AI芯片出口、限制中国获得先进AI芯片制造设备和新增中国芯片设计企业的实体清单三方面扩大对我国的限制范围。

（二）推动新兴技术突破促进经济增长的主要路径

1. 优化创新资源布局，推动产学研深度融合

一是进一步促进评价体系完善，激发创新活力。围绕党和国家的科技发展目标，充分发挥科技评价在资源配置中的指挥棒作用。加快建立以创新价值、能力、贡献为导向的人才评价体系，改革科技奖励制度，精简数量、提高质量，注重科技评价过程中对原创水平、应用价值、科学贡献的统筹考虑，造就一批具有世界影响力的国际一流科技领军人才和创新团队。二是推动产业链、创新链、人才链、资金链一体化布局。以推动产业创新发展为目标，以精准推出科技成果转化、科研基金设置等方面的举措为抓手，完善政策体系。建立人才链、资金链深度嵌入产业链、创新链的政策体系，疏通各环节人才、资金进入产业链和创新链的渠道，促进人才和资金的集聚整合、顺畅流动和高效配置。三是打造高水平共性技术创新平台。充分发挥新型举国体制优势，组织科研机构和上下游企业，建设高水平共性技术创新平台，加强产业共性技术合作攻关。建立完善共性技术平台的资源开放共享和利益合理分配机制，实现共性技术平台的良性循环。搭建更多公共技术服务平台，推动大型科学仪器设备、大科学装置等科学资源开放共享。

2. 进一步强化企业的科技创新主体地位

一是强化以企业为主导的产学研深度融合。突出发挥龙头企业在

创新生态发展中的引领作用，构建以应用为导向的创新联合体，形成串联加关联式的复合创新系统。支持企业前瞻布局基础研究，支持高水平研究型大学、政府机构和科技领军企业协同共建未来产业科技园；落实支持科技创新的各项优惠政策，引导企业加大研发投入。二是强化企业创新决策的主体地位。通过完善决策咨询机制，建立企业常态化参与国家科技战略决策的机制，引导企业围绕国家重大战略部署开展研发创新；建立企业家科技创新常态化咨询制度，构建企业创新高端智库网络，引导支持企业提升科技创新战略规划能力；在制订科技计划项目的机制中，强化从企业和产业实践中凝练的应用研究任务，让企业做好科技创新的出题人。三是强化企业成果转化的主体地位。完善科技成果转化法律法规，不断完善知识产权保护制度、切实保护企业科技创新成果，可以提升企业科技成果转化的质效与积极性；设立科技成果转化引导基金、科技成果转化贷款风险补偿资金、知识产权质押融资风险补偿基金，可以拓展企业科技成果转化的融资渠道；健全产学研成果对接和产业化机制，支持企业建设中试验证平台，可以提升企业科技成果转化的能力。

3. 进一步提升基础研究能力，加快突破一批关键核心技术

一是强化基础研究前瞻性、战略性、系统性布局。要把握科技发展趋势和国家战略需求，加强基础研究重大项目可行性论证和遴选评估，充分尊重科学家意见，把握大趋势、下好"先手棋"。优化基础学科建设布局，支持重点学科、新兴学科、冷门学科和薄弱学科发展，推进学科交叉融合和跨学科研究，构筑全面均衡发展的高质量学科体系。二是深化基础研究体制机制改革。要稳步增加基础研究财政

投入，通过税收优惠等多种方式激励企业加大投入，鼓励社会力量设立科学基金、进行科学捐赠等，提升国家自然科学基金及其联合基金的资助效能，建立完善竞争性支持与稳定支持相结合的基础研究投入机制。要优化国家科技计划基础研究支持体系，完善基础研究项目组织、申报、评审和决策机制，实施差异化分类管理和国际国内同行评议，组织开展面向重大科学问题的协同攻关，鼓励自由探索式研究和非共识创新研究。三是建设基础研究高水平支撑平台。要协同构建中国特色国家实验室体系，布局建设基础学科研究中心，加快建设基础研究特区，超前部署新型科研信息化基础平台，形成强大的基础研究骨干网络。要科学规划布局前瞻引领型、战略导向型、应用支撑型重大科技基础设施，强化设施建设事中事后监管，完善全生命周期管理，全面提升开放共享水平和运行效率。

4. 推进开放性创新，借助全球创新资源提升我国创新能力

一是持续开展差异化、有特色的国际科技交流合作，努力构建全方位、多层次、宽领域、有重点的国际合作伙伴网络。坚持开放包容、互利共赢的原则，以更加开放的思维和举措持续巩固、深化、拓展与国际一流科研机构、高校、企业的伙伴关系。深入参与重要国际科技组织、国际大科学计划等多边合作机制，持续提升我国在高水平学术组织、重大国际合作项目和国际产业创新链条中的参与度和影响力。二是组织实施一批国际科技交流合作重点品牌项目，全面提升国际学术影响力。充分发挥国家战略科技力量科研实力较强、高水平科技人才集聚、重大科技基础设施集中等方面的优势，瞄准世界前沿科学问题和重大经济社会发展挑战背后的科学问题，牵头发起若干国际

大科学计划和大科学工程，建立与国际接轨的多边科技计划运行管理机制。三是进一步加强对外国跨国公司研发机构和重点实验室的引进，鼓励跨国企业研发机构与国内企业、高校及研发机构结成创新联合体，进行合作研发。

第六章

将科技成果转化为新质生产力

向科技创新要新质生产力,必须重视和加强科技成果转化。历史和实践反复证明,只有将科技成果转化为现实生产力尤其是新质生产力,才能全面释放创新驱动发展的原动力。科技创新绝不仅是实验室里的研究,更需要转化为推动经济社会发展的现实动力,科技才能成为真正的第一生产力。向科技创新要新质生产力,必须重视和加强科技成果转化。科技成果转化是技术、经济活动相互衔接、相互结合的复杂过程。科技成果只有同国家需要、人民要求、市场需求相结合,完成从科学研究、实验开发、推广应用的三级跳,才能真正实现创新价值和创新驱动发展。只有加快将科技成果转化为新质生产力,才能为高质量发展提供新的成长空间。

促进新技术产业化、规模化应用

科技成果转化是促进科技与经济紧密结合的关键环节,对于加快建设科技强国有着重要的积极作用,要大幅提高科技成果转移转化成效、完善金融支持创新体系，促进新技术产业化、规模化应用。当前我国科技成果转化实践中还存在诸多问题，需要通过进一步深化改革、完善市场运行机制等来深入推进，进而促进新技术产业化、规模化应用。

（一）促进新技术产业化、规模化应用是新时代立足科技自立自强、加快构建新发展格局和建设科技强国的重要任务

1. 新时代我国科技成果转化开辟了新局面

科技成果的高水平大规模创造与有效转化运用是建设现代化经济体系的重要特征。各国由于科研格局、企业创新能力和市场环境的不同，科技成果转化模式各具特色，如美国以"企业+风投"为主，以色列则以"专业机构+风投"为主。科技成果转化作为我国科技体制改革的重要内容，在我国改革开放逐步深化、市场经济体制逐步完善中不断发展，并形成了符合我国国情的成果转化模式。在我国30余年的科技体制改革中，通过政府引导、培育市场、激励主体等主要措施，形成了以产学研合作、"四技"活动（技术开发、技术转让、技术咨询、技术服务）和科技创业为主要内容，以科技服务平台和科技金融结合为支撑的科技成果转化模式，在提高企业自主创新能力、推动经济转型升级中发挥了重要作用。

2015年全国人大通过修订《中华人民共和国促进科技成果转化法》，2016年国务院印发实施《中华人民共和国促进科技成果转化法》若干规定的通知、国务院办公厅印发关于《促进科技成果转移转化行动方案》的通知，形成了科技成果转化"三部曲"，标志着具有中国

特色的科技成果转化制度体系基本形成。在中央政策的引导下，相关部门和各地方陆续出台了一些激励性、优惠性和推动性政策，如《关于提升高等学校专利质量 促进转化运用的若干意见》《赋予科研人员职务科技成果所有权或长期使用权试点实施方案》《关于进一步推进高等学校专业化技术转移机构建设发展的实施意见》等，极大地激发了各类创新主体和广大科研人员的创新积极性，促进我国科技成果转化工作取得飞速发展。

随着我国各类社会金融资金支持科技成果转化的法律法规不断完善，国家在中央财政科技计划和资金管理改革中加大了对科技成果转化的资金投入以及对金融资本、民间资金的引导。投贷联动和知识产权质押等新型科技金融产品、组织机构和服务模式不断涌现。科技服务体系建设显著加强，完整的创业服务链条初步形成。众创空间、科技企业孵化器加速器、大学科技园等构成全链条创新创业孵化体系。

2. 科技成果转化面临的新形势和新挑战

当前，以新一代信息技术、生物技术、新能源、新材料等技术群体跃进、交叉融合为主要特征的新一轮科技革命和产业变革加速推进，对人类的生产方式、生活方式乃至思维方式产生了前所未有的深刻影响。新的科技革命和产业变革将使主导经济社会发展的基础技术群发生重大更迭，用户创新、开放创新、大众创新、协同创新等创新模式不断涌现，生产方式和产业组织将面向开放场景，满足个性化、定制化需求，呈现出生产方式智能化、产业组织平台化、技术创新路径多样化等特征，重塑并形成智能、高效、绿色的现代产业体系。同时，颠覆性技术创新将大量涌现，快速向各个领域渗透融合，主流技术和产品不断迭代，新产业、新业态快速涌现，以革命性方式对传统产业产生归零效应。

我国已开启科技强国建设新征程，要坚持创新在我国现代化建设全局中的核心地位，把科技自立自强作为国家发展的战略支撑，但创新能力仍不适应高质量发展要求。在实践中，还存在"中梗阻"等制约科技成果向现实生产力转化的问题，其背后反映的是我国科技创新及成果转化所面临的一些矛盾和短板，主要包括以下几点。一是科技基础薄弱、积累相对不足，科技体制改革滞后于科技创新发展的需要。我国基础研究和重大源头创新能力仍然不强，科技体制仍存在着一些深层次问题，制约着我国科技持续创新能力的提升。二是科研组织模式和成果转化路径已经跟不上时代发展的步伐。我国科技长期处于追赶期，造成当前科技创新发展路径、管理方式以及思维方式等仍然局限于追赶阶段，对立足科技自立自强和先发引领的体制机制、模式探索不够。三是科技人才队伍面临供给结构失衡和外部打压的双重挑战，人才安全形势严峻。尽管我国是全球第一人力资源大国，但每千名就业人员中从事研发活动的人员数量远低于发达国家水平，人才缺口依然较大，而且引领创新型人才供给不足，特别是人工智能、生物科技等新兴技术领域"高精尖"人才更为缺乏。四是科技创新开放水平不高，融入全球创新网络的程度不够。我国面向全球配置资源要素的能力不强，对创新资源的吸纳利用不足，科技创新的国际化水平还有很大提升空间。

立足科技自立自强加快构建新发展格局，迫切需要把经济发展转换到依靠科技创新的轨道上来，其核心在于以深化供给侧结构性改革为主线，更加全面、快速地推动科技成果转化为现实生产力。实施创新驱动发展和深化供给侧结构性改革，都要求加快科技创新成果应用，通过改造提升传统产业，推动产业结构向价值链中高端攀升，培育和发展新产业和新业态，为全社会创新创业提供动力源，形成新的发展动能。

（二）破除科技成果转化"中梗阻"，需要充分利用我国的结构性优势和资源禀赋

当前，我国科技创新发展正处于重要的跃升期和机遇窗口期，在新一轮科技革命和产业变革中，要充分利用自身结构性优势和资源禀赋，抓住战略机遇，掌握新一轮全球科技竞争的战略主动权。

一是领先市场和技术应用场景优势。市场是全球最稀缺的资源。[1]德国学者贝斯于2001年提出了"领先市场"概念，认为国家在特定技术或产品上的竞争力与本国特定的市场环境密切相关，领先市场强调了技术创新的首次采用及其在全球扩散方面的重要性。首先采用某项技术并使其成功扩散，进而在相关产业取得全球领先优势的国家或地区就是"领先市场"。超大规模市场优势和内需潜力、持续扩大的中产阶级人口规模，以及愿意尝试新鲜事物的社会氛围，为新技术的应用提供了领先市场和应用场景优势。近年来，我国在信息、通信、互联网等领域，不仅完成了超大规模的全民普及和接近全消费场景的覆盖，形成了全球最大的电子商务网络和极具扩展性的社交网络，还积累了庞大的数字技术使用人群，基本完成了消费端的数据化迁移。

---

[1] 刘鹤. 加快构建以国内大循环为主体、国内国际双循环相互促进的新发展格局［N］. 人民日报，2020-11-25（6）.

而人工智能、区块链、自动驾驶等新兴技术均需要海量数据的研发支撑。以人工智能为例，美国在基础层和技术层，如算法、芯片设计等方面更有优势，而我国可以获得美国无法比拟的海量数据，在应用层则越来越具有竞争优势。

二是低成本创新和高素质劳动力优势。随着我国工程化和技术应用能力的提升，低成本创新正在成为后金融危机时代企业向新兴市场实现战略转移的新途径，也为我国增强自主创新能力、提升产业核心竞争力提供了新思路。就中国企业而言，通过应用型技术的创新实现性价比飞跃，向广大用户提供能消费得起的新技术、新产品是当前更现实的路径。我国目前低成本劳动力的优势虽然正在消失，但高质量人才的数量却日益增加。从高素质劳动力资源来看，我国每年的大学毕业生有七八百万人，而且工资水平相对较低，这大大地降低了创新成本，尤其为需要投入大量知识型工作者的集成式创新、应用式创新提供了巨大的人力支持。

三是完备产业配套和新型基础设施优势。维护产业链安全，提升产业链、供应链韧性是我国高质量发展的必然要求，需要强大的产业配套作为支撑。我国超大规模市场与产业配套、人力资源、基础设施等方面综合竞争优势的结合，为在更高层次、更宽领域、更大范围参与国际竞争与合作奠定了良好基础。基础设施具有战略性、基础性、先导性和公共性的基本特征。近年来，我国大力建设以5G、大数据、人工智能、工业互联网、物联网为代表的新型基础设施，为新技术、新产品、新业态、新模式的发展提供了重要保障，有力推动了产业高端化发展，促进了产业转型升级。

四是在部分技术研发中的新型举国体制优势。我国实行的社会主义市场经济体制把政府和市场有机结合起来。在科技领域，面向经济产业发展和社会民生的科技供给需求，主要依靠市场竞争机制和企业主体力量；面向国家重大需求和国家安全的科技供给，则主要依靠新型举国体制，发挥社会主义集中力量办大事的制度优势。

（三）促进科技成果转化要处理的若干重大关系

坚持"四个面向"的战略方向，全面把握新时代科技自立自强的新方位、新任务和促进科技成果转化要处理的若干重大关系，主要包括以下几个方面。

一是政府与市场的关系。要更加充分地发挥市场在优化资源配置中的决定性作用，推动多元化、多层次、多渠道的科技投入体系建设。充分发挥国家作为重大科技创新组织者的作用，充分发挥政府的战略导向作用，抓好战略性、全局性、前瞻性的重大任务部署。充分发挥政府在制度创新方面的优势，激发市场主体的创新创业活力，促进经济高质量发展。

二是科学与技术发展的关系。强调科学与技术协同发展。要坚持问题导向，结合我国发展遇到的瓶颈制约，进一步明确技术创新和产业化的方向和重点。要更加突出对关键共性技术、前沿引领技术、颠覆性技术、重大原创技术的战略部署，掌握新一轮全球科技竞争的战略主动。

三是前沿技术与先进适用技术的关系。近年来，我国科技创新取得了历史性、整体性、系统性的重大进步，大量科技创新成果竞相涌现，科技实力实现了质的飞跃。但工业母机、高端芯片、基础软硬件、开发平台、基本算法、基础元器件、基础材料等关键核心技术受制于人的状况并未得到根本性改变。[①]因此,既要鼓励大量一般技术的普遍性进步,又要强调关键核心技术的重大突破和自主掌控。

以前瞻性制度设计全面释放创新活力

(一)科技成果向新质生产力转化存在"中梗阻"问题

当前,全球新一轮科技革命孕育的技术成果已经到了爆发的临界点,颠覆性技术和前沿技术的集中涌现、相互赋能和加速应用正在推动新产业、新业态、新模式加速迭代形成新质生产力。科学、技术与产业加速循环迭代,转化主体和转化方式更趋多样化,场景驱动加速科技应用和迭代升级,数据要素与其他生产要素的高效协同联动极大地提高了社会生产力,成为推动新一轮科技革命产业变革的重要动力。同时,科技成果向新质生产力转化仍存在一些"中梗阻"问题,包括有利于支撑实体经济、构筑先发优势的重大科技创新成果供给仍显不足,制约创新要素自由流动的障碍依然存在,推动新技术市场化应用的激励政策和监管政策存在不完善和滞后问题,促进新型转化载体建设的统筹设计不足等。

系统谋划将科技成果转化为新质生产力。一是加强高质量科技成

---

① 金碚.科技自立自强是国家发展的战略支撑[N].河南日报,2020-11-11(8).

果的源头供给和转化。大力支持高质量知识产权创造，精准识别并投资具有使命导向和战略意义的重大源头技术、前沿技术、未来技术，鼓励产业界、社会资本广泛参与。二是高标准推进技术和数据要素市场建设。促进技术和数据要素流通并与资本等其他要素深度融合，健全权利保护、交易流通、开放共享、安全认证等基础制度。三是围绕颠覆性技术培育未来企业和产业。培养一批核心技术能力突出、集成创新能力强的创新型领军企业，构建以企业为创新主体的新质生产力发展机制。四是促进各类创新主体、创新高地打造面向未来的创新共同体。加强创新资源的跨学科、跨领域、跨区域优化配置，推动形成集跨界创新、人才培养、无缝转化和科技投资于一体的"四链融合"机制。五是围绕新科技革命和民生问题推动新基建。加快以5G、人工智能、物联网、大数据和云计算等新技术为引领的数字化基础设施建设，促进科技支撑城乡环境保护与治理、城市更新与再生，推进智能化、绿色化和智慧城市建设。六是以新兴科技应用场景开拓经济增长新空间。面向重大战略需求不断开拓新型工业化场景、打造跨界融合场景、建设标志性场景，瞄准未来社会形态，加强重大场景综合创新试验。

（二）破除科技成果转化"中梗阻"问题的路径与对策

要破除科技成果转化"中梗阻"问题，应以深化体制机制改革为动力和重要抓手，破除制约科技成果转化的制度性障碍，以科技自立自强支撑实现产业强、经济强、国家强。在路径上需注重以下几个方面。

一是从"技术赶超"到"科学赶超"，从"外源创新"到"内生创新",从过去主要依赖"技术引进—消化吸收—再创新"到以"体系—能力"为中心,要把原始创新能力提升摆在更加突出的位置,提高重大任务的体系化攻关能力,全面提升创新治理能力。

二是支撑构建以国内大循环为主体、国内国际双循环相互促进的新发展格局。依靠科技创新在完善产业链、创造新需求、增加新供给、打造新动能等方面的核心引领作用,加快关键核心技术攻关,以深化改革激发新发展活力,以科技创新催生新发展动能,保障产业链、供应链安全稳定。充分利用和发展新技术快速大规模应用和迭代升级的独特优势,加速将科技成果转化为现实生产力,为我国经济高质量和可持续发展找到相匹配的创新内源型动力和外向型动力。

三是更加主动地融入全球创新网络,在开放合作中提升自身的科技创新能力,以更加开放的思维和举措推进国际科技交流合作,加强与合作伙伴构建各类创新共同体,在人才培养路径上鼓励高端人才及其团队的组建由以国外引进为主转变为以本土培养为主,引领推动建设开放型世界经济,成为后发国家依靠创新发展实现国家富强的典范。

为此,有以下建议。

一是加快实施重点领域关键核心技术攻关工程。瞄准打造更多的先发优势,选择对新兴产业、高技术产业发展和国防建设具有重大引领带动作用的战略必争领域,确定优先发展方向,加快构建技术优势和应用优势。

二是促进技术与资本、技术与产业的深度融合,形成领先的市场优势。围绕国家重大战略领域和重点新兴领域,形成专业化技术转移服务,加速形成领先的市场优势。推动企业开放式创新,培育一批专业化技术运营企业,探索新型转移模式,发展新型研发机构和技术转移转化网络平台。

三是形成全国统一和内外融通的转移转化市场。建立跨区域的产业技术联盟、技术创新平台、科技成果转移转化基地,进行技术联合攻关、人才联合培养等,实现国内外创新资源的有效整合和优化配置。

四是注重塑造领先的创新制度。推进关键领域改革,打破部门壁垒,形成跨部门、跨组织的科技人员流动机制。以总体国家安全观为指导,夯实有利于全球创新要素集聚和扩散的制度基础,以前瞻性的制度设计全面释放创新活力,以新体制、新组织、新机制的蓬勃发育,建构起科技创新的制度优势。

第三篇
激发新质生产力
开拓高质量发展新空间

第七章

以科技创新支撑扩大国内需求

新质生产力的形成并非一日之功,需要广泛的试验田和转换期,在这一时期,既要面临来自新技术、新产品、新生态的冲击,又要兼顾旧产业、旧业态、旧思维的限制,逐步逐级地完成转型。为了加快形成新质生产力以及与之相适应的新型生产关系,必须充分依托国内大市场优势,畅通国内大循环,推动技术普及和迭代升级,因此扩大内需十分必要。

扩大内需有利于培育新质生产力

(一)新质生产力需要超大规模市场作为支撑

新质生产力的本质就是要形成新的发展模式和新的经济驱动力,而新模式和新驱动力的形成都需要超大规模市场作为支撑。一方面,超大规模市场是促进新质生产力形成的内在驱动力;另一方面,统一大市场是优化资源配置从而促进新质生产力形成的基础条件。首先,新质生产力并不是虚无缥缈的东西，也不可能独立存在，而必须依托一定的形式和载体才能表现出来，这种实质的载体就是企业，所谓新质生产力，就是由无数家企业高质量、高科技、高收益的发展所共同形成的一种经济总体能力，因此企业是关键。企业要想实现高质量发展，就必须依赖具有丰富需求的市场，否则就难以为继。企业的研发投入只有转化为创新收益，才能够激励其持续进行投入，所以超大规模市场十分必要。

其次，超大规模市场意味着全国的市场形成一个统一的整体，各要素之间能够实现畅通流动，在市场机制的作用下，这些生产要素能够实现优化组合，从而提高生产效率和降低生产成本。所以新质生产力必须依赖统一的大规模市场，从资源优化配置的角度促进生产力迈上新的台阶。[1]

最后，从世界历史经验来看，每当一个国家崛起时，都是经济具有大规模的扩张效应，而大规模的经济扩张最初都来自大规模的市场应用，没有超大规模市场的支撑，新的革命性的东西就无法施展，这与人类历次工业革命的发展规律一致。尤其是对于美国而言，它作为一个后发国家，曾经靠技术引进和改良度过了将近一个世纪，但是之所以能够在后来反超德国，引领新的工业革命，就是因为其大规模市场积累了最初的经济基础，然后才能在科技上做大规模投入，形成新的生产力。

---

[1] 马惠，马国鹏. 以全国统一大市场建设促进新质生产力发展[N]. 河南日报，2024-03-19.

（二）超大规模市场作用的发挥在于扩大内需

超大规模市场作为市场本身不会发挥作用，发挥作用的是市场上的供需双方。从国民经济循环看，消费是社会再生产的终点，也是新一轮社会再生产的起点，消费作为生产的目标，是社会再生产系统的一个"内在因素"，对生产具有巨大的反作用。[①] 社会生产活动主要以企业作为载体，而企业作为载体，主要提供的是供给。企业为了从事生产活动，就必须进行投资，而投资也属于市场需求的有效组成部分。所以我们所说的内需，就是消费和投资，因此发挥超大规模市场的作用，就是要发挥扩大内需的作用。

对于中国来说，大规模的经济具有以内需为主导的显著特征，内需市场一头连着经济发展，一头连着社会民生，是经济发展的主要依托。中国经济经过改革开放 40 多年持续快速发展，逐步在市场需求、产业体系、人力资源、软硬基础设施等方面形成了超大规模市场优势，为培育完整的内需体系奠定了基础。要想进一步发挥超大规模市场优势，就必须坚定实施扩大内需战略，扩大居民消费和有效投资，增强经济发展韧性，促进经济持续健康发展。

而且，内需即经济本身，是经济增长的关键。从国民经济核算的角度来看，使用支出法核算的 GDP 包括三个方面：消费、投资、进出口净值。其中，消费和投资占据我国 GDP 的最重要部分。如图 7-1 所示，三大要素对 GDP 增长的贡献率排名是：消费＞投资＞出口净值，其中消费对经济增长的贡献长期在 60% 左右，而投资也长期达

---

① 盛朝迅. 新质生产力的形成条件与培育路径［J］. 经济纵横，2024（2）：31—40.

到 40% 左右，两者加起来几乎占了 100%。2022 年，我国最终消费占 GDP 的比重约为 53%，而投资占 GDP 的比重约为 43%，[①] 由此可见，内需对促进经济增长的作用巨大。

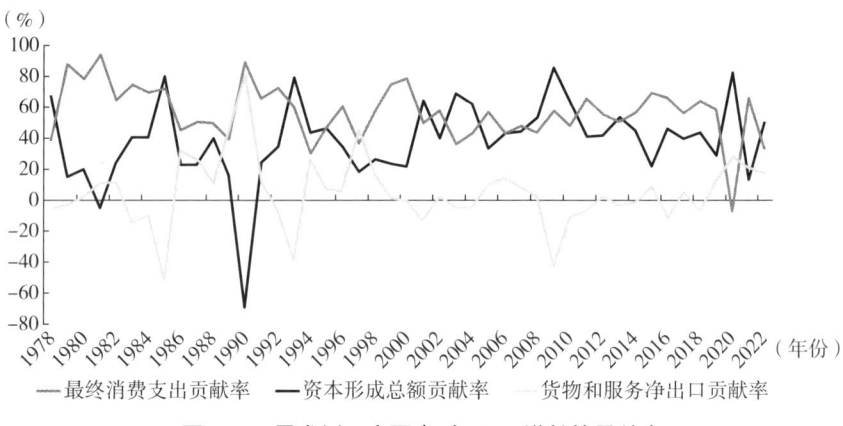

图 7-1　需求侧三大要素对 GDP 增长的贡献率

数据来源：国家统计局。

（三）当前的形势也决定了必须持续扩大内需

首先，从近年的经济形势来看，我国经济形势面临着"需求收缩、供给冲击、预期转弱"三重压力，其中需求收缩首当其冲。需求收缩一方面是由经济转型换挡和国际经济周期下行决定的，另一方面也受到新冠疫情等不稳定因素的影响，居民消费萎靡不振、企业投资望而却步。在这种情况下，国内大循环的经济发展格局就难以构建，而我们知道，构建新发展格局的关键在于经济循环的畅通无阻。经济循环要想畅通无阻，就必须实现投资与消费的良性互动，即内需的健

---

① 根据国家统计局数据计算。

康扩张；同时，内需也是打通国际市场循环的关键所在，打开国际市场需要依托国内大市场，有效利用全球要素和市场资源，更高效地实现内外市场联通，因此必须以内需为突破点，打通国内国际双循环。

其次，从国际形势来看，大国博弈持续演进，逆全球化趋势没有根本好转。当前，世界百年未有之大变局加速演进，国际力量对比深刻调整，世界经济增长不平衡、不确定性增大，单边主义、保护主义、霸权主义对世界和平与发展构成威胁。在这种情况下，国际需求市场必然遭到扰乱，因此内需就必须部分地承担起国际需求的责任；同时，受这些不利因素的影响，全球产业链、供应链重塑调整，必然要求国内市场重新布局，进行高质量供给，而这些都需要高质量内需的牵引。因此，坚定实施扩大内需战略，以自身的稳定发展有效应对外部风险挑战，是我国的必然选择。

最后，从国内大背景和长周期来看，我国经济转型仍然处于结构调整的阵痛期。经济转型和产业结构调整是一项长期、系统、复杂的工作，要想实现高质量发展，就必须逐步摒弃落后的产业，更多地开发先进的产业。我们知道，新质生产力的本质还是服务于经济社会发展，它以推动经济高质量发展、高水平跨越为根本宗旨，所以产业结构调整也是新质生产力的重要内容。而产业结构调整要求持续扩大有效内需和高质量内需，同时摒弃无效内需和低质量内需，[1]所以实施扩大内需战略有利于产业结构调整和经济转型升级，使我国经济效率提升、经济增长强劲，[2]从而形成实质性的新质生产力。

---

[1] 尹秋莲.结构调整是扩大内需的战略重点[J].理论前沿，1999（16）：18.
[2] 孙崇健.浅析扩大内需和经济结构调整之间的关系[J].市场论坛，2013（8）：22—24.

扩大内需需要以科技创新为支撑

（一）内需的具体指向

内需主要包括消费和投资，其中消费包括居民消费和政府采购，投资包括企业投资和政府投资。

第一，居民消费。消费需求主要包含以下几个方面。一是生活必需品消费，如食品、衣着、居住、交通出行等日常生活所需的消费。二是公共服务消费，如教育、医疗、养老等公共服务的消费需求。三是商品需求消费，如手机、计算机、汽车、家电等受收入影响较大的消费需求。四是文化娱乐消费，如书籍、影视、体育运动等。消费是经济的重要组成部分，也是投资扩大的主要动因，能够间接地推动经济增长。

第二，政府采购。政府采购的范围也较广，粗略地可以分为以下几个方面。一是基础设施建设采购，政府采购基础设施建设项目所需的土地、建筑材料、机电设备、工程施工等。二是公共事业运营采购，如对运行公共交通、供水供电、燃气等公共事业所需的设备、材料和燃料进行的采购。三是公共服务采购，包括政府部门为提供医疗、教育等公共服务而采购的药品、仪器设备、教学用品等。四是日常运转采购，包括政府部门对日常办公所需的办公用品、计算机等器材进行的采购。五是军事国防采购，政府采购武器装备、军用物资以提高国防能力。政府采购可以成为拉动经济增长的重要力量，例如，朝鲜战争期间的政府军事采购直接挽救了被二战摧毁的日本经济，并推动了日本20世纪50年代后期的经济高速增长。

第三,企业投资。狭义上的企业投资主要包括两个方面:一是固定资产投资,即企业为了扩大再生产而进行的机器、厂房、设备等投资;二是无形资产投资,即企业对研发、专利等的投资。前者可以直接提高企业的生产能力,增加经济总量。当然,生产能力的提高会间接增加就业岗位,提高居民的收入水平,从而会刺激消费需求的增加。后者除了本身即经济构成,通常也是企业技术创新的重要来源,而技术创新是经济长期增长的来源。

第四,政府投资。政府投资的范围较广,具有代表性的主要有以下几个方面。一是基础设施建设投资,包括对交通运输、水利、能源、通信等的投资。二是公共服务设施投资,如对医院、学校、公园、公共文化和体育设施等的建设投资。三是科技和教育投资,特别是政府投资支持科技创新平台建设和教育事业发展,如科研院所、大学等的建设投资。四是社会保障和就业投资,投资建立完善的社会保障体系,以及支持公益性就业项目。五是资源与环境投资,开发新的资源能源以及投资环境保护设施,如污水处理设施等。政府投资除了可以直接提高经济效益,通常还可以通过增加就业岗位、完善社会制度等促进消费,从而间接拉动经济增长。

(二)对科技创新的要求

第一,从经济的整体效率看,扩大内需战略需要科技创新提供直接的高质量要素供给。科技创新是国家经济增长的内生动力源,从熊彼特理论的意义上来说,所谓创新就是要"建立一种新的生产函数"，即"生产要素的重新组合"，科技会直接带来技术、工艺、产品等方面的创新，引发市场、组织、制度等的全面创新，改变生产方式，促进经济增长。"新格局"的形成和扩大内需战略的实施需要依靠科技创新提供直接的高质量要素供给，提升经济体系的整体质量和效益。

第二，从供给和需求看，扩大内需战略需要科技创新提高供给体系对国内需求的适配性。从供给和需求层面看，扩大内需战略需要形成供需关系高水平匹配，在提高经济整体发展质量的同时，形成以需求牵引供给、以供给创造需求的双向反馈和高水平的良性循环格局，扩大内需战略需要经济在供给和需求两端形成在更高水平上的良性循环。当前中国社会的主要矛盾是人民日益增长的美好生活需要和不平衡不充分的发展之间的矛盾。从国内经济循环的角度来看，这一主要矛盾集中表现为供给与需求不匹配、不协调和不平衡。供给结构不适应需求结构的变化，无效的低端产品供给过剩，产能利用率偏低；有效的中高端产品和服务供给不足，供给质量不能满足人民美好生活和消费升级的需求，产业的智能化和高端化发展不能满足经济转型升级的要求。消费在我国经济发展中具有基础性作用，传统消费升级和以数字基数为基础的新消费是我国经济的主要增长点，要提供更优品质的消费离不开科技创新。

第三，从内需结构看，扩大内需战略需要科技创新支撑消费和投资高质量循环。投资是拉动经济增长的重要途径，投资与内需两者是互生共存的，投资必然带动生产资料需求的增长，并通过生产带动就业和生活资料需求的扩张，生产和生活资料的消费需求增长也将通过刺激生产活动的增加推动再投资的持续扩张。投资是内需中的快变量，对于经济的拉动作用是即时显效的。当前我国经济发展对投资的需求不是量的扩张，而是通过有效精准的投资实现结构的优化，高质量的投资能助力形成强大的国内市场。另外，如果扩大内需只是在原有水平上的消费和投资，则无法进入更高质量的循环，需要产业端的转型升级来加以配合方可奏效，而背后的核心驱动力在于科技创新。生产活动的投资方面，以补短板和创造新兴产业为主，而基础设施建设投资方面的重点在于积极部署新型基础设施、新型城镇化等，这些都是需要以科技创新作为支撑的。

第四，从经济的长期发展看，扩大内需战略需要科技创新为经济高质量发展创造新动能。目前全球经济总体处于结构大转型阶段，科技创新进入高度活跃密集期，人工智能、量子计算、脑科学、基因编辑等新技术迅猛发展，正在引发影响深远的科技和产业变革。特别是以人工智能、量子信息、移动通信、物联网、区块链为代表的新一代信息技术加速突破应用，催生以数字经济为代表的新经济，是未来经济发展的新动能。催生、培育和壮大新动能，需要提升科技创新支撑能力。

第五，从狭义的内需来看，科技创新是扩大消费的起点。消费能力取决于收入水平，要想提高收入水平，就得实现高质量就业。高质量就业从劳动者的角度来看，是要提升劳动者的素质；从就业岗位来看，是要提供高质量的岗位。在全球人力资源自由流动的情况下，高素质劳动者会向具备高端产业的地区流动，因此，要提高收入水平，必须提升产业链层级，让产业向中高端迈进。而为了让产业迈向中高端，就必须依赖科技创新，因为产业层级取决于科技创新能力。

科技创新支撑扩大内需的机制

（一）科技创新扩大内需的着力点

我们知道，内需从狭义上来讲，指的是消费和投资；从广义上来讲，还包括高质量供给，指的是整个内需体系。由于经济增长的根本动力是供给与需求的匹配，其中需求包括投资、消费和出口，供给则包括土地、劳动力和资本（见图7-2），因此，科技创新支撑扩大内需，可以对需求侧进行刺激，同时对供给侧进行改善。具体来说，至少包括四方面内容。

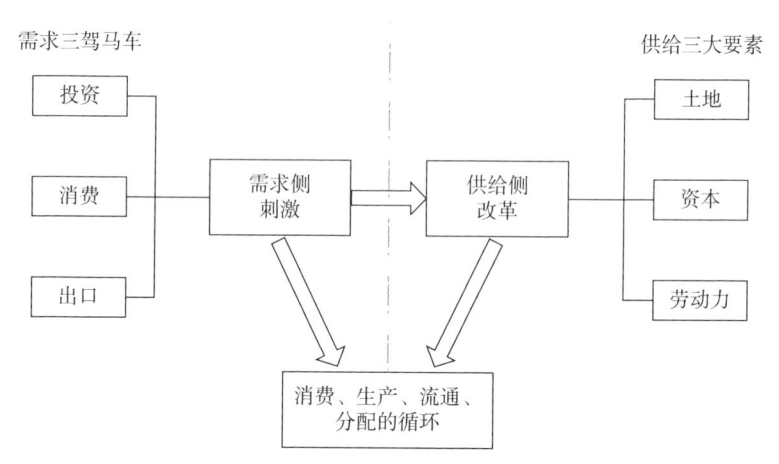

图7-2 经济增长的供给侧与需求侧动力

第一，科技创新支持增加投资。这属于需求侧的刺激，包括两个方面。一方面，对市场而言，企业的目标是追求垄断利润，因为新技术的应用会催生新产品、衍生新服务，并带来新的客户价值，所以企业会在垄断利润的吸引下追求新的投资。另一方面，对政府而言，需要对基础科学和科技前沿负责，为了引领科技潮流，政府必须在战略新兴领域主导创新投资，用以开发新技术、推动新基建，从而引爆新的科技革命。因此，在科技创新的驱动下，市场和政府的投资会增加。

第二，科技创新支持增加消费。这也属于需求侧的刺激，主要面向的是市场：一方面，科技创新可以产生"新供给"效应，即科技创新可以产生新供给，从而创造新需求；另一方面，它可以形成"降成本"效应，即通过科技创新降低企业的生产成本，从而降低产品和服务价格，继而刺激需求增长。此外，科技创新还可以降低用户的搜索成本和企业的交易成本，从而释放更多消费潜力。

第三，科技创新支持进口替代。这是供给侧的改善，即通过提高国内产品的供给质量，实现被遏制、被打压产品或技术的国产化替代。进口替代意味着国内需求在国内满足，通过提高供给质量和国际竞争力，从而实现国内需求拉动国内供给，继而以国内供给创造国内需求。其中的关键着力点就是科技创新。这也是经济双循环，尤其是"内循环"的关键意义所在。

第四，科技创新赋能高素质劳动力。这也是供给侧的改善。一方面，经过几十年发展，中国的人口红利已从性价比极高的进城务工人员转变为性价比较高的初级知识分子，作为最优质的生产要素，提高这些劳动力的素质，就相当于提高生产效率和供给质量；另一方面，通过提高劳动力的素质，可以增加劳动者的收入，从而有利于消费者调整预期，刺激需求增长。所以，科技创新赋能劳动力素质提升，就是促进市场需求增长。

（二）科技创新支撑扩大内需的三种机制

按照熊彼特的标准，我们将技术创新划分为两类：突破式技术创新和渐进式技术创新，前者通常代表一种新的能够带来重大社会经济影响的技术创新，突出的是对内需的增量创造效应；后者通常指在既有技术路线上的升级与改良，突出的是对内需的存量刺激效应。另外，从更宏观的角度来讲，由于经济制度不完善或市场结构问题，产业间、区域间的投资与消费可能存在错配问题，而技术创新可以在一定程度上改善这种扭曲，从而从效率层面拉动内需，突出的是结构配置效应。这就是科技创新支撑扩大内需的几种机制。

1. 机制一：增量创造效应

突破式技术创新可以直接创造需求，这种增量创造体现在两个方面。一是可以直接创造投资需求。突破性技术创新往往会直接催生新的产业方向和商业模式。这些前所未有的机遇都需要企业通过大量投资进行开拓和验证。与此同时，突破式技术创新还可以重构行业地位，企业必须争先投资于新技术以获得先发优势。此外，突破式技术创新带来的效益提升也会直接刺激企业增加投入。二是可以直接创造消费需求。首先，突破式技术产品本身就会直接形成新的消费热点；其次，新技术还会带来生产方式的改变，创造出新的服务需求；最后，新技术还会把原来高端的功能大众化，激发更广泛的消费需求。突破式技术创新带来的增量创造效应如图 7-3 所示。

从图 7-3 可以看出，一方面，由突破式技术创新创造的消费需求的增加会直接提高企业收入，企业收入的增长则会促使企业进行更多的技术性和生产性投资,这会带来投资水平的提高;另一方面,突破式技术创新创造的投资需求会带来更多的就业岗位,间接地提高居民收入水平,居民收入水平的提高则会刺激消费需求的增加。这样,国民经济就会在此循环中不断向前发展。

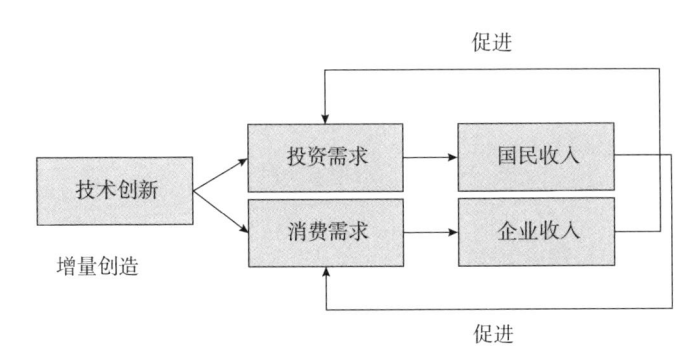

图7-3 突破式技术创新带来的增量创造效应

2.机制二:存量刺激效应

渐进式技术创新通常体现在企业生产效率的提高上,即单位成本下的更多产出或单位产出下的更低成本,它对需求的拉动作用主要体现在消费方面。由于企业通过技术创新降低了生产成本,企业生产的产品价格随之下降,消费需求随之增加,消费需求的增加直接带来内需的提高。渐进式技术创新带来的存量刺激效应如图7-4所示。

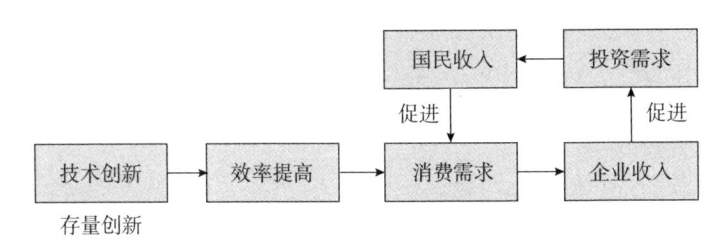

图7-4 渐进式技术创新带来的存量刺激效应

在经济现实中，降价促销是企业最常用的一种经营手段，通常情况下降价促销会提高企业收入水平。企业收入水平的提高会促使企业进行投资以提高生产能力，从而提高投资水平。而投资水平的提高则会创造更多的就业岗位，从而间接地提高国民收入水平，国民收入水平的提高反过来会促进消费需求的增加。这样，渐进式技术创新通过刺激消费需求，间接地提高投资需求，循环往复地拉动内需以促进国民经济不断发展壮大。

3. 机制三：结构配置效应

由于资源禀赋和历史发展阶段的不同，国别间以及一国内部不同区域间的经济发展水平并不相同，受制于市场结构（如垄断）和区域结构（如运输），不同产业间、区域间的投资与消费可能存在扭曲，而技术创新则可以在一定程度上解决这个问题。一方面，新技术可以大幅降低交易成本和信息不对称，从而更好地实现供需匹配。例如互联网技术降低了搜索商品信息的成本，企业和消费者都可以更快、更广泛地了解市场动态。另一方面，技术进步可以提高要素，如资金、人才、技术等在产业部门、区域之间的流动速度，从而更好地实现资源配置。比如，互联网金融增加了资金流动渠道，降低了流动成本；远程工作让人才可以更灵活地在不同产业间配置；信息技术降低了区域间的交易和运输成本。消费、投资结构匹配带来的结构配置效应如图 7-5 所示。

从图 7-5 可以看出，配置效应的改善会同时提高投资需求和消费需求，类似地，消费结构扭曲的改善会直接提高消费需求，从而提高企业收入，而企业收入的增加会间接地促使企业扩大投资；投资结构扭曲的改善会直接提高投资需求，投资需求的增加会提供更多就业岗位，间接地提高居民收入水平，而收入水平的提高则会间接地刺激消费需求的增加。投资需求与消费需求以"互促共利"的形式循环往复地推动国民经济不断向前发展。

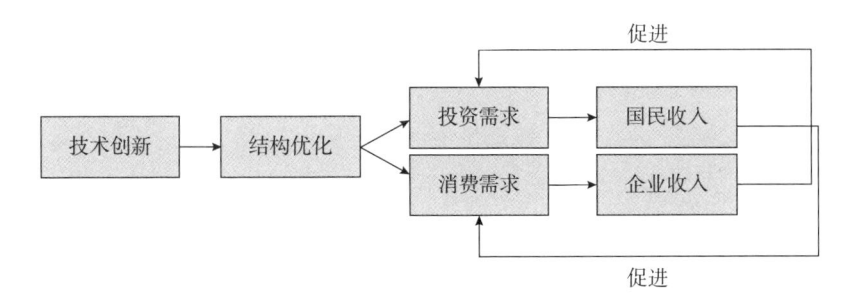

图 7-5　消费、投资结构匹配带来的结构配置效应

科技创新推动扩大内需的重大举措

（一）科技创新的重点任务

从扩大内需本身来看，可以着力的点有以下五个。

一是民生改善创造需求。从个体消费者的角度来看，需求就是个人消费，包括生活必需品、各种商品和服务、娱乐等。按照中国人的消费习惯，只有在生活水平提高的基础上，才会增加更多的消费，要想普遍提高消费水平，就必须解决居民的后顾之忧，也就是社会基本福利水平，包括人民最关心的教育、医疗、养老、育幼等，只有把这些基本民生改善了，才能激发消费能力提升。

二是供给创造需求。它的含义在于通过高质量供给增加消费的吸引力，面向的基本上还是居民消费需求，一般按照市场规律办事。随着科技水平的不断提升，各种新的商品和服务、应用场景等不断出现，这些新东西本身就蕴含着需求方没有想到的需求，是因为供给先出现，继而才产生需求，这在数字经济时代变得愈加明显。

三是信息创造需求。它旨在解决信息不对称和交易成本过高的问题。也就是说，在正常市场环境中，需求和供给都是有的，但是匹配不起来，因此供给和需求都出现"滞销"的情况。当这些供求能被匹配起来的时候，它就会自动转换成消费，最典型的例子就是共享经济，它很好地利用了碎片化的资源和碎片化的时间，提高了交易效率。当信息技术的应用降低了交易成本时，也可以促进消费，比如平台经济。

四是消除障碍创造需求。这主要指的是增加市场有效投资的行为，瞄准的是优化市场环境，创造公平竞争、服务于企业的制度环境。企业和人一样，也存在着预期问题。当市场预期不好时，企业的投资意愿会大大降低，所以通过优化市场环境来提振市场信心，对增加投资极为重要；同时，当精简行政流程、加快行政审批、一次通办等举措真正实施时，企业的投资效率会提升，对减少寻租行为也有帮助。

五是税收创造需求。这对个体消费和企业投资都有极大的帮助。对个体消费来说，税收的减少意味着个人实际收入的增加，收入增加意味着消费有可能增加；对企业来说，税收优惠意味着企业的负债减少和收入增加，以及资金流的稳健和更好地流动，这都有利于增加企业的投资。此外，如果税收优惠是瞄准科技研发的，那么还可以引导和鼓励企业加大科研投入，从而推动市场向高端化迈进。

如果要以科技创新来支撑扩大内需，那么可以重点关注的领域包括以下几个方面。

一是科技创新支撑"补短板"。其目标是保障供应链、产业链安全以及提供高质量供给。当供给质量提升时，会产生供给创造需求的效果，而补短板主要靠的就是关键核心技术攻关，所以科技创新支撑扩大内需，首先需要做好关键核心技术攻关。

二是科技创新创造新产业。这是通过新供给创造新需求，通过在颠覆性技术、未来技术、前沿技术等方面进行创新，催生新产业、新业态、新模式，从而创造新的市场空间；同时在开拓新产业的过程中，会增加总体投资，同样可以支撑扩大内需。

三是科技创新满足新消费。这是直接从需求侧进行牵引，促进科技创新与内需的互动。首先是场景驱动，由市场和消费者提出新场景、新诉求，然后通过科技手段来满足这种需求，继而扩大投资和消费。诸如个性化生产、大规模定制、创客制、体验式消费等，都是科技创新满足新消费的案例。

四是科技创新引领新基建。这是为了加大政府投资，以公共投资和消费来支撑扩大内需。新型基础设施建设一般伴随着新能源和新技术的出现而产生，它是将新技术扩散到新产业的关键桥梁，推动科技创新可以催生新基建，直接扩大投资内需，形成新社会的基础服务网，增加社会福利，同时还可以间接催生新产业，形成新的消费基点。

五是科技创新赋能新应用。这是为了减少从技术研发到商业化应用的壁垒，以及降低产品／服务的交易成本、拓展交易渠道。一方面，产品从研发到应用会面临市场初期壁垒，通过科技手段搭建一些"样板间"和"试验田"，可以让市场更快成熟起来；另一方面，当资源面临供需不匹配问题时，通过科技创新手段可以更有效地匹配供需资源，从而提高交易效率和成功概率。

（二）重大举措选择

围绕科技创新支撑扩大内需的机制和重点任务，可以通过以下举措推动科技创新扩大内需。

1. 加快关键核心技术攻关，提高供给质量

这是要解决两方面问题：一是保障产业链、供应链安全；二是提高供给质量。从国家的急迫需要和长远需求出发，在石油天然气、基础原材料、高端芯片、工业软件、农作物种子、科学实验用的仪器设备、化学试剂等方面全力攻坚。建立核心技术遴选机制，避免泛化攻关，明确关键核心技术"全国一张清单"，根据国家战略需求和形势变化，适时动态调整和充实清单与任务。探索关键核心技术攻关的科研组织模式创新，采用多路径攻关策略，发挥企业对创新链、产业链、资金链、人才链的牵引整合作用，确保战略性支柱产业自主可控。加快攻关成果成熟化、规模化应用。

2. 推动科教融合，增强源头供给能力

这是要提高中国的科技原创水平，从源头上解决科技创新能力不足的问题，从知识创造和人才供给两个角度实现内生发力。建议实

施"科教融合"长期工程,在宏观上加强科技工作与教育工作的协作,在微观上加强人才培养与科学研究的统一。着重在扭转不良学风作风、推动人才评价改革、打造一流科研/学术生态、完善引才留才用才制度、鼓励新型范式变革、储备高水平人才队伍、改善科学教育和科普能力等方面加大协同力度,做到同工同责、权责分明、共同发力、共享成果。充分发挥中央科技委员会的统筹协调作用、国家科技咨询委员会的战略咨询作用、中央科技办的落实执行和主动对接作用,加快战略研究和政策制定,推动政策落实落地。要加快简政放权,赋予科研机构、大学、公益事业单位等更多改革自主权,给予充分的探索和容错空间,鼓励不同主体依据自身实际大胆探索,营造欣欣向荣的科研改革氛围,推动科教融合取得实质性进展。

3. 围绕颠覆性技术培育未来企业和产业

这是要面向未来抢占新兴市场,引领新的"技术—经济"发展周期,本质上是创造新的需求、新的增长点。加强对前沿颠覆性技术和原始性创新的预测研判和"技术意外"预警,围绕国家需求,精准识别并投资具有使命导向和战略意义的重大源头技术、前沿技术、未来技术,通过政府优先采购培育早期市场,鼓励产业界、社会资本广泛参与,培育未来型企业。持续强化企业作为技术创新决策、研发投入、科研组织和成果转化的主体地位,培养一批核心技术能力突出、集成创新能力强的创新型领军企业,推动科技领军企业成为关键领域重大科研任务的组织者和引领者。支持重大专项、"科技创新2030—重大项目"等成果产业化。

4.推动创新链与产业链融合,加快技术应用

这是为了更好地把创新成果转化为产业应用,从而释放技术创新的效能,推动供给质量提升和需求增加。更加重视技术科学的作用,加大力度从重大工程和技术开发中凝练科学问题,更好地发挥超大规模市场优势和新型举国体制优势,促进科技创新与工业发展交叉互动。打造科技型企业升级工程,组织协调上下游企业开展产学研合作,推动研发、设计、建造、配套等资源整合;瞄准创新链薄弱环节,引导银行、天使、创投、风投等社会资本投资,集中力量推动创新链与产业链融合,加快新技术应用进程。充分认识政府本身即最早期的"体验式消费者",加大政府对创新产品和服务的采购力度,进一步开放政务市场,使政府成为创新产品或服务的领先用户。通过消费补贴、示范推广等方式,培育早期消费者,给创新企业进入市场的机会,加速市场启动,为技术进步和产品迭代创新提供基础。

5.实施场景驱动,发起重大科技工程

这是要创造新场景、新应用,以重大工程带动产业发展和科技集成创新,产生系统化、规模化效应。发挥新型举国体制优势,围绕国内市场需求,实施大科学计划、大科学工程,建设大科学平台,加快实施"科技创新2030—重大项目"。围绕碳达峰碳中和、健康中国、乡村振兴、制造强国、交通强国、智能制造、智慧城市等重大国家战略或事项,发布重大应用场景清单,鼓励全社会创新,并通过这些特殊场景为技术和产品应用提供早期试错容错空间。加强重大场景综合创新试验,建立新经济"监管沙盒"机制,营造包容开放的创新生态环境。

6. 围绕新科技革命和民生问题推动新基建

这是为了更好地推动技术扩散，以及提高社会整体的基础设施水平，以政府投资促进企业投资和居民消费。加快以5G、人工智能、物联网、大数据和云计算等新技术为引领的数字化基础设施建设，优化和完善农村地区与偏远地区的物流基础设施，扩大新型消费的覆盖面与影响力。加强医疗养老基础设施改造；加快推进城乡环境保护与治理，推进废弃资源再利用，增强利用科技应对防灾减灾和气候变化的能力；加强农田水利设施改造，推进节水滴灌普及化；推进智能化、绿色化和智慧城市建设，加大改造管线、路网等的力度，提高科技含量和智慧化水平。

7. 推动信息技术高质量应用与传统产业升级

这是为了更好地推动信息化与工业化的融合，推动传统产业转型升级，提高发展质量，释放需求潜力。要引导传统企业从国家数据要素市场的整体布局出发，立足于产品和服务的数字化创新，释放产业链上下游所蕴含的大量数字消费，激活数字内需市场。精确把握当下及未来的消费热点，进一步支持线上线下商品消费融合发展，加快传统线下业态数字化改造和转型升级，不断创新消费场景，促进科技化、智能化产品市场发展。大力发展数字消费，培育"云消费""云逛街""云旅游""云阅读"等消费新热点，支持发展智能家居、智慧家庭、智能机器人等家庭服务类产品及虚拟商品消费。培育银发消费市场，推广智慧健康消费产品，创新智慧养老模式。更好地发挥平台在促进服务消费数字化方面的作用，支持平台企业在信用机制构建、交易规则完善等方面进行更多的探索，推动服务业数字化试点示范。

8. 大力改善与重大民生相关的社会福利

这是为了减轻居民生活负担，降低生活成本，从而提高个人对经济社会形势的预期，以便人们有实力、有意愿更好地消费。要真心实意地为民众着想，"真材实料"地为人民服务，以人民为中心，切实提高社会福利，增强社会保障。要着重解决中青年群体生活压力巨大的问题，重点在教育、养老、医疗、育幼等方面加大扶持力度，彻底解决青年人的后顾之忧。要促进劳动报酬与工资性收入稳步增长，其增速应与物价增速持平或略高；要下大力气改革教育制度、考试制度，扭转教育内卷；要从源头解决医疗问题，改变不合理制度，增强疾病预防能力，减少医药投入，加大健康管理力度，发扬光大中医传统；要彻底扭转和保障食品安全，杜绝预制菜等不良食品进校园，确保幼儿、儿童、青少年健康成长；要切实降低养育成本，育儿生活必需品由国家承担质量和费用责任，加大生育补贴力度，提高生育意愿；要进一步提升基本公共服务均等化水平，彻底扭转房地产供需不对等、虚拟泡沫过大等问题，在住房上给予全民基本保障，做到"居者有其屋"。

9. 完善政策环境，促进便捷投资、便捷消费

这是要在政策环境上释放内需活力，进一步促进个人消费、企业投资和政府投资与采购。要深化收入分配体制改革、稳步提高居民收入、扩大中等收入群体；改善消费预期，结合新型城镇化建设和改善型住房需求推动居民消费升级；健全新型消费领域的技术和服务标准体系，提升消费平台与消费市场的监管能力，更加强调对消费者的权益保护；探索实施将出口退税转为居民消费补贴等政策措施。要弘扬企业家精神，支持企业家专心办企业并获取合理回报；落实好纾困惠

企政策，特别是打通资金向实体经济流通的渠道，强化对市场主体的金融支持；完善新产品市场准入制度、简化审批程序，加大政府采购力度，拓展新产品市场空间；加强产权和知识产权保护，形成长期稳定发展预期。要实施更加积极有为的财政政策，围绕国家重大战略、新兴产业、新基础设施、重点产业、重点区域加大投资力度；提升财政资金使用效率。

10. 加快培育一批国际消费中心城市

这是要打造一些增长极、增长点，以点串线、以点带面，推动区域性内需增长，同时推动扩大国际需求增长。目前的第一批国际消费中心城市包括上海、北京、广州、天津、重庆。要鼓励有条件的大型城市立足自身资源禀赋与产业基础，打造消费中心城市，补齐基础设施短板、优化多元新型消费供给、提升消费辐射能级，加快形成具有特色的国际消费中心城市培育路径，持续挖掘国际消费中心城市对经济增长的拉动作用。以国际消费中心城市为引领，加快新消费理念和行为的宣传推广，提高居民消费素质，引导形成崇尚科技、支持创新、循环节能、绿色安全的消费倾向和习惯，加大对信息、节能、环保等消费品的居民消费补贴力度，扩大教育、医疗、文化、体育、民生（养老）等领域的消费规模。

第八章

推动科研范式及组织方式变革

历史上的大国崛起，没有不经历经济规模扩张和生产力提升的，自英国引爆工业革命以来，英、法、德、美、日等国先后崛起，成为世界公认的科技强国，①更加符合这种规律。根据这些国家的经验，新质生产力的形成一般都是在技术革命大周期转化之间发生的，同时旧的国家衰落，新的国家崛起，而推动这一切的背后有一个非常重要的因素就是科研范式及科研组织方式的变革。也就是说，新质生产力的产生契机是技术革命，而推动技术革命发生的动力则是范式变革。

历次技术革命都会形成新质生产力

我们知道，新质生产力的本质还是生产力，但它是一种相比旧生产力更高质量的生产力。而生产力质量的提高，本质上还是依靠劳动者、劳动对象和劳动资料质量的提升，科技革命正是提升这些因素质

---

① 秦铮，韩佳伟.世界科技强国：内涵、特征与建设思考［J］.中国科技论坛，2022（11）：1—8.

量的好时机。从创新的角度来讲，创新就是生产函数质量的提升，即土地、资本、劳动力等生产要素质量的提升，或者这些要素组合方式的优化，而生产要素质量的提升尤其是要素组合方式的优化，其实就相当于生产工具质量的提升。因此，生产力质量的提升和创新在本质上是相通的，所以科技创新必然与新质生产力关系密切。而近几百年所经历的技术革命和工业革命周期也证明如此。

（一）第一次技术革命：工业化

自18世纪60年代英国爆发第一次工业革命以来，人类历史上共发生了三次工业革命和五次技术革命（第六次技术革命属于第三次工业革命的范畴），每次工业革命包含两个技术革命周期，如图8-1所示。

第一次技术革命的爆发也是人类历史上（第一次）工业革命[①]的开端，其主要标志是珍妮纺纱机的发明。我们常说，第一次工业革命的标志是蒸汽机的发明或者是瓦特改良了蒸汽机，这其实是一种笼统的说法，是一种把工业革命割裂开来看待的方法。实质上，工业革命和技术革命密切相关，单从技术的角度或者单从工业的角度，都无法真正厘清历次革命的发展周期，因此才会出现当前究竟是第几次工业革命的争论。比较好的方法是以技术革命为基本周期，进行细化，然后根据技术向工业领域的扩散程度，来划分工业革命的周期，这样就出现了如图8-1所示的结果。

---

① 现在所谓的工业革命其实应该被称为"产业革命"，而第一次产业革命则特指一种工业化的革命，即工业革命。

| 第八章　推动科研范式及组织方式变革 |

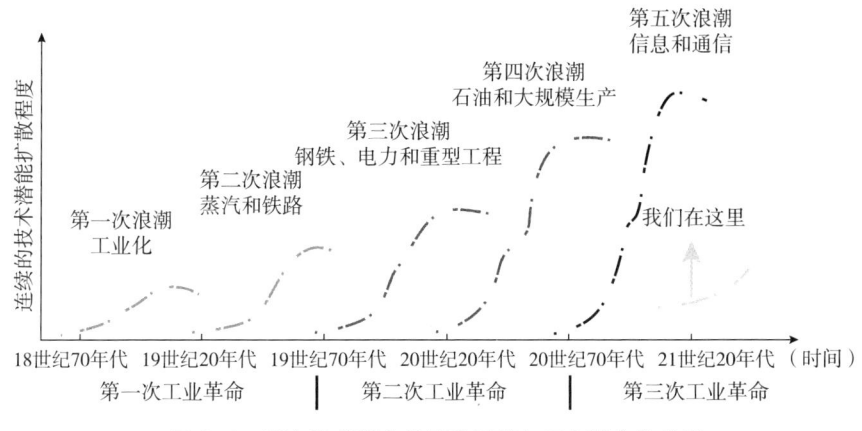

```
连
续                                                      第五次浪潮
的                                                      信息和通信
技                                          第四次浪潮
术                                          石油和大规模生产
潜                              第三次浪潮
能                              钢铁、电力和重型工程
扩                  第二次浪潮
散                  蒸汽和铁路
程      第一次浪潮                             我们在这里
度      工业化

     18世纪70年代  19世纪20年代  19世纪70年代  20世纪20年代  20世纪70年代  21世纪20年代（时间）
          第一次工业革命      |      第二次工业革命      |      第三次工业革命
```

图 8-1　历次技术革命的演进及其与工业革命的关系

资料来源：根据胡志坚（2020）[1]、佩蕾丝（2007）[2]、贾根良（2015）[3] 绘制。

第一次技术革命可以被称为"工业化"，其标志是 1765 年珍妮纺纱机的发明，在第一次技术革命期间，出现了人类历史上的第一次生产力跃升，这具体体现在五个方面：一是从技术的角度来看，出现了一种新的纺纱技术，它可以规模化地完成纺织工作，极大地提高了纺纱效率；二是从能源的角度来看，它极大地发挥了水流的潜能，可以运用水能作为动力，从而减少人力的投入，节约了生产成本；三是从生产工具的角度来看，它从原来的手工生产转变为借助纺纱机进行生产，从而极大地释放了生产力；四是从生产方式的角度来看，珍妮纺纱机的发明推动传统的手工作坊向工厂制转变，个人手工开始向工厂生产演进；五是从新产业、新基建的角度来看，催生了新的纺织工

---

[1] 胡志坚. 世界科学、技术、工业革命趋势分析 [R]. 中国科学技术发展战略研究院战略研究参考，2020.
[2] 卡萝塔·佩蕾丝. 技术革命与金融资本 [M]. 田方萌，胡叶青，刘然，等，译. 北京：中国人民大学出版社，2007.
[3] 贾根良. 演化经济学导论 [M]. 北京：中国人民大学出版社，2015.

业,并产生了运河、公路等大规模新基建。因此,从这几方面综合来看,劳动者、劳动对象和劳动资料都得到了提升,所以可以认为是形成了一种新质生产力。

(二)第二次技术革命:蒸汽和铁路

珍妮纺纱机的出现,让人类社会从手工生产进入了工厂生产,但受限于能源和动力的不足,这种机械化的水平还比较低,如果能把动力水平提升上来,则毫无疑问会产生一个新的大突破,这正是第二次技术革命的主要特点。如图8-2所示,第二次技术革命的主要标志与蒸汽机有关。首先,1785年,瓦特改良了蒸汽机,蒸汽机虽然已经问世且被改良,但似乎仍然没有用武之地;接着,1814年,蒸汽机车诞生,这似乎为蒸汽机的真正应用找到了一条出路,也为接下来的铁路工业发展奠定了技术基础;最后,直到1829年蒸汽机车试验成功,才最终推动蒸汽机的大规模应用和铁路运输业的飞速发展。这三个事件合起来,意味着第二次技术革命浪潮已经出现,因为其已明显区别于第一次浪潮,所以说第二次技术革命是蒸汽和铁路的时代。

第二次技术革命毫无疑问也催生了新质生产力。首先,蒸汽机是一种全新的东西,它比水力机械更加强大、更加有力;同时,它不可避免地与铁路产生了关系,因为它的主要作用是作为一种动力机械来驱动某种交通工具的,所以铁矿业和煤矿业随之发展了起来,铁路和动力机车生产进入了高潮,而且往前回溯,蒸汽机还可以为传统的轻纺织工业提供新的动力,这些都是新质生产力的体现,因为自中世纪以来，水力机械一直是欧洲制造业的一个重要组成部分。[①] 具体来说，从技术的角度来看，纺纱机变成了蒸汽机，技术出现了新的突破；从能源的角度来看，水能转变为煤炭能源，人类不再被动地使用能源，而是主动地发掘能源和生产动力；从生产工具的角度来看，它极大地解放了动力供应和运输能力，使得生产活动能够成倍地增长；从生产方式的角度来看，工厂生产的规模不断扩大化，产品生产的速度和广度不断扩散；从新产业、新基建的角度来看，产生了铁矿、煤矿、机车等新产业，出现了铁路、港口等新基建。所以，这些都是新质生产力的重要组成部分。

能源	水	煤炭	煤炭	化石	化石	新/清洁能源
技术	纺织机	蒸汽、铁路	钢铁、电力、重工		石油、汽车	信息、通信
技术革命	第一次	第二次	第三次	第四次	第五次	第六次

第一次工业革命 （工厂制、机械化）	第二次工业革命 （大规模生产、标准化）	第三次工业革命 （大规模定制、个性化）
1765年，珍妮纺织机	1866年，西门子制成发电机	1946年，第一台计算机诞生
	1875年，酸性转炉炼钢法	1969年，阿帕网诞生
1785年，瓦特改良蒸汽机	1876年，四冲程内燃机（煤气）	20世纪70—90年代： 微处理器 微型计算机 个人计算机 第一款操作系统 万维网 Web浏览器 移动通信 个人手机
1814年，蒸汽机车诞生	1876年，贝尔发明电话	
	1883年，立式内燃机（汽油）	
1829年，蒸汽机车试验成功	1895年，马可尼发明无线电	
	1897年，压缩点火式内燃机（柴油）	进入21世纪： 移动互联网 智能手机 社交软件
	1913年，内燃机车诞生	

图 8-2　历次技术革命的标志性技术及能源利用类型

---

① 戴维·S.兰德斯.国富国穷（第三版）[M].门洪华，安增才，董素华，等，译.北京：新华出版社，2010.

（三）第三次技术革命：钢铁、电力和重工

第一次技术革命和第二次技术革命虽然有明显的不同，但是它们有一个共同点就是都属于机械化生产时代，都是从手工生产转变为工厂生产，所以从工业发展的角度来讲，这两个周期可以看作一个大周期，因此统称为"第一次工业革命"（见图8-1）。这也再一次说明，为了避免对"第几次工业革命"的争论，应该把技术革命和工业革命分开看待，不能混为一谈，技术革命的浪潮要明显多于工业革命，因为每一次革命都必然是先从技术领域兴起，然后借助新产业、新基建逐渐扩散到社会生产生活的方方面面，所以存在一定的缓冲期和延后性，因此工业革命的周期跨度更长。此外，我们所谓的"技术—经济"周期其实就是一个技术革命周期，也就是一个康德拉季耶夫（"康波"）周期，每个周期持续大约50年，两个周期合起来形成一个工业革命周期，持续时间大约为100年。

所以，当第三次技术革命周期爆发时，距离第一次技术革命周期已经过去了将近100年。如图8-1所示，第三次技术革命周期以钢铁、电力和重工为主要标志，它宣告了人类开始步入重工时代和电力时代。在这次飞跃中，同样也形成了新质生产力。从新技术的角度来看，在钢铁方面，1875年酸性转炉炼钢法被发明，卡内基的酸性转炉钢厂在宾夕法尼亚的匹兹堡开工，[①] 这标志着钢铁的大规模廉价生产，从而开启了钢铁时代。在电力方面，1866年，西门子制成发电机；19世纪70年代，贝尔发明了电话；19世纪90年代，马可尼发明了无线

---

① 卡萝塔·佩蕾丝.技术革命与金融资本［M］.田方萌，胡叶青，刘然，等，译.北京：中国人民大学出版社，2007.

电,这些都是电力时代的明显标志。从新能源的角度来看,这个时期的能源供给仍然主要是煤炭,但是煤炭可以用来发电,从而产生二次能源,这与第一次工业革命时期还是有明显的区别。从新生产工具的角度来看,发电机成为标志性工具,它消耗了一次能源,但是产生了二次能源,人类由此正式进入电力时代。从新生产方式的角度来看,随着生产规模的进一步扩张,工厂制开始逐渐演变为公司制,更多的管理学方法被逐渐发明和引入。从新产业、新基建的角度来看,钢铁和电力带动了炼钢、轮船、重化工、电力设备等新产业的兴起,以及航运、铁路、桥梁、隧道、电报、电话、电网等新基建的诞生。

(四)第四次技术革命:石油和汽车

第四次技术革命浪潮和第三次技术革命浪潮相比前两次浪潮,会更加接近,其实在这个时代已经有了一定的加速趋势,就是我们现在所谓的科技发展在加速,即存在着加速效应。第四次技术革命浪潮的标志性技术虽然和第三次技术革命浪潮的技术几乎处于同一时期被发明(见图8-2),但其大规模运用并扩展开来,还是稍微有所延迟,并且走的是不同的工业路线,再加上此时出现了新的能源开发方式,所以也创造了一个完全不同的技术—经济周期。

我们看到,最早的内燃机诞生于1876年,但仍然使用的是煤气;接着,1883年,使用汽油的立式内燃机被发明;1897年,压缩点火式内燃机被发明,并使用柴油,这说明石油开始逐渐登上历史舞台;而1913年内燃机车的诞生,标志着人类彻底进入内燃机和石油的时代,就像当年蒸汽机车的发明标志着人类进入蒸汽时代一样。所以，从新技术的角度来看，第四次技术革命浪潮显然引爆了新质生产力。从新能源和新生产工具的角度来看，人类开始从煤炭能源时代迈入石油能源时代，石油作为内燃机的能源供应，二者的结合对人类社会产生了深远的影响，甚至到目前为止，内燃机和石油仍在被大规模应用（比如汽车），仍然是不可或缺的存在，可见其影响之甚。紧接着，人类的工业更加成熟，汽车的诞生把石油和内燃机的作用发挥到了极致，再加上大规模生产和流水线作业的生产方式诞生，汽车业作为一种新的产业，迅速渗透社会的方方面面，直到今天仍不衰，这是生产方式所产生的重大转变。从新产业和新基建来看，第四次技术革命浪潮催生了石化产业、汽车产业等新兴产业，并带动了高速公路、机场、石油管道等新基建的规模化普及。所有这些，都代表着新质生产力的又一次形成。

到此，第二次工业革命也宣告完成，它包含钢铁、电力、重工、石油、汽车等领域，但总体上来看，可以统称为"电力时代"。如果第一次工业革命可以被称为机械化，那么第二次工业革命就可以被称为电气化，这是这个时代最为明显的特征。从工业生产范式上看，第一次工业革命总体上是从手工作坊转变为工厂生产，第二次工业革命则从工厂生产转变为标准化流水线作业，见表8-1。

表8-1 工业革命、技术革命与能源利用的关系

工业革命周期及 生产范式转变	技术革命周期 （技术—经济周期）	技术标志及 技术类型	能源标志
第一次：机械化 （18世纪70年代— 19世纪70年代） 手工作坊→工厂	第一次：机械时代 （18世纪70年代— 19世纪20年代）	纺织机 能量耗散技术	水能

续表

工业革命周期及 生产范式转变	技术革命周期 （技术—经济周期）	技术标志及 技术类型	能源标志
第一次：机械化 （18世纪70年代— 19世纪70年代） 手工作坊→工厂	第二次：蒸汽时代 （19世纪20年代— 19世纪70年代）	蒸汽机 能量供应技术	煤炭
第二次：电气化 （19世纪70年代— 20世纪70年代） 工厂生产→标准化流水线 作业	第三次：电力时代 （19世纪70年代— 20世纪20年代）	发电机 能量耗散技术	煤炭
	第四次：重工时代 （20世纪20年代— 20世纪70年代）	内燃机 能量供应技术	石油
第三次：信息化 （20世纪70年代—？） 流水线作业→大规模定制	第五次：信息时代 （20世纪70年代— 21世纪20年代）	计算机 能量耗散技术	石油 天然气
	第六次：智能时代 （21世纪20年代—？）	？ 能量供应技术	风/光/核能

（五）第五次技术革命：信息和通信

第五次技术革命的浪潮基本发端于20世纪六七十年代，距离第三次技术浪潮又过去了100年，这次技术浪潮也意味着新一轮工业革命（第三次）周期的开始。从图8-2很容易看出，这一次技术革命的突破点和标志性技术明显增多，不再是单一的突破，而是多点、多路径突破，呈现出群体性特征。首先，1946年诞生了世界上第一台电子计算机，虽然与当前的计算机概念差距甚远，但已有了雏形；其次，1969阿帕网诞生，这是因特网乃至整个互联网的前身，影响非凡；接着是20世纪70—90年代，在计算机和互联网两条主要路线下，微处理器、微型计算机、个人计算机、操作系统、Web 浏览器、移动通信、个人手机等产品 / 技术集中爆发，一下子把人类历史推向了信息和通信的时代，这个阶段可以看作最有标志性的时期；最后，进入 21 世纪，移动互联网、智能手机、社交软件的兴起，将第五次技术革命引向更加深远的方向。

从技术上来看，这些群体出现的技术和各项发明明显改变了人类的生产生活方式，所以属于新质生产力的范畴；从新能源的角度来看，第五次技术革命周期的主要能源仍然是石油，次要能源是煤炭，此外还有新的能源——天然气，合起来看，化石能源的根本性质没有变，只是利用效率变得更高、应用范围变得更广；从新生产工具的角度来看，最主要的生产工具转变为计算机，可以说当前的大部分工作都离不开计算机以及跟计算机有关的同类产品（比如手机），这与第四次技术革命乃至整个第二次工业革命有着明显的不同；从新生产方式的角度来看，因为信息技术的出现，消费者与生产者之间的互动更加频繁，所以个性化定制变为可能，标准化开始向个性化生产方向转变；从新产业、新基建的角度来看，本次技术革命产生了计算机、手机等各种各样的电子产品产业，也催生了互联网、移动互联网、基站、电缆、光纤、卫星等各种形式的新基建。综合以上内容来看，第五次生产力跃升即新质生产力再次形成。

（六）第六次技术革命预见和前五次技术革命的总结

第五次技术革命因为主要与信息有关，人类迎来了信息大爆炸的时代，所以可以称之为"信息时代"，这虽然仍然建立在传统电力和重工的基础之上，但已与之前有明显区别。根据研究，第五次技术革命现在已基本上宣告结束，第六次技术革命的浪潮其实已经开始（大致可以以 2020 年为界），可以预见的是，第六次技术革命一定是在信息革命基础上的进一步深化，最符合其特质的描述应当是智能化时代，预计大约也需要花费 50 年，甚至更短（因为存在着加速趋势）。

值得注意的是，第五次技术革命和第六次技术革命将统称为第三次工业革命，这种一次工业革命包含两次技术革命的规律仍然没有被打破，因为它们的基础都是信息技术和对数据、信息的处理，因此可以预见第三次工业革命属于信息化革命，但是从技术革命的浪潮来看，第五次技术革命可以称作信息时代，而第六次可以称作智能时代（见表 8-1）。同样的道理，第一次技术革命浪潮可以被称为机械时代，第二次被称为蒸汽时代，两者合起来被称为机械化革命；第三次技术革命浪潮可以称作电力时代，第四次技术革命浪潮称作重工时代，两者合起来被称为电气化革命，这些都可以从表 8-1 看出。

最后，我们对前五次技术革命浪潮的分析做了一个总结，形成了表 8-2，可以看出，每一次技术革命周期都会形成新的生产力，即新质生产力，它包括新技术、新能源、新生产工具、新生产方式、新产业/新基建五个方面。

表 8-2 技术革命和新质生产力的形成

技术革命周期	新质生产力的形成				
	新技术	新能源	新生产工具	新生产方式	新产业/新基建
第一次（工业化）	纺织技术	水能	纺织机	工厂制	纺织业、运河、公路
第二次（蒸汽和铁路）	蒸汽技术	煤炭	蒸汽机	大工厂	煤矿、铁矿、机车、铁路、港口

续表

技术革命周期	新质生产力的形成				
	新技术	新能源	新生产工具	新生产方式	新产业/新基建
第三次（钢铁、电力和重工）	酸性转炉炼钢、发电机、电话、无线电	煤炭	发电机	公司制	炼钢、轮船、重化工、电力设备、电网、电报等
第四次（石油和汽车）	内燃技术	石油	内燃机	大规模生产流水线作业	石化、汽车产业、高速公路、机场、石油管道等
第五次（信息和通信）	计算机移动通信	石油天然气	计算机互联网手机	个性化定制	电子产品、互联网/移动互联网、基站、光纤等

范式变革是推动技术革命的根本力量

我们知道，人类历史上的每一次技术革命都会形成新质生产力，这是非常清晰的，但是为什么会发生技术革命呢？是什么推动了技术革命的兴起？这要从科学研究本身说起。

（一）科学革命引发技术革命

众所周知，人类技术发展的历史要比科学更为悠久，科学作为一门学问，发源于16—17世纪，并脱离于宗教学说，而技术则跟现实生活应用有关，所以一直都存在。但是，作为技术革命产物的技术发明与一般技术不同，因为它具有基础性和广泛而深刻的影响，对于这样的技术发明，如果离开了科学理论的支撑，是万万不能实现的，所以技术革命的背后是科学研究在发挥作用。

我们在开篇已经提到，借助历次技术革命，英、法、德、美、日等国先后崛起，成为世界科技强国，那么这些国家之所以能引爆技术革命/工业革命，或抓住技术革命/工业革命换挡的机遇，是因为它们背后的"科学"在发挥根本作用。科学是一股根本的推动力量，也是向技术领域扩散再向工业领域扩散的源头力量，起码在线性的科研逻辑下确实如此。现在，虽然科研逻辑逐渐呈现出非线性特征，但技术问题的最终攻破还是要倒回来依靠科学原理的支撑，可见，科学研究是技术变革的根本推动力量，所以我们才说科学革命引发技术革命，而技术革命推动产业变革（工业革命）。目前这个逻辑是清晰的。

（二）科学革命发展的历史脉络

英、法、德、美、日等国先后崛起，这与世界科学中心演进的逻辑基本一致，也就是说，在历史上，英国、法国、德国、美国都先后成为过世界科学中心，只有日本例外。如果说得严谨一些，则是成为世界主要的科学中心，即在那一时期，它的科学成果数量最多，甚至有学者规定了其比例——超过25%。[①] 按照这种逻辑，世界科学中心到目前共有五个，按照时间的先后顺序分别是意大利、英国、法国、德国、美国，每个国家充当世界科学中心的时间在60年以上，具体见表8-3。

---

① Yuasa M. Center of scientific activity: Its shift from the 16th to the 20th century[J]. *Japanese Studies in the History of Science*, 1962, 1（1）: 57—75.

表 8-3 世界科学中心的演进

世界科学中心	对应时间	持续时长	基础科学革命
意大利	1540—1610 年	70 年	天文学革命
英国	1660—1730 年	70 年	经典力学
法国	1770—1830 年	60 年	数学、近代化学
德国	1810—1920 年	110 年	有机化学、相对论
美国	1921 年至今	100 多年	相对论、量子理论

可以看到，近代科学革命的开端是天文学革命，是在意大利兴起的，所以意大利得以成为第一个世界科学中心。而意大利成为近代科学的发源地绝非偶然，这与其思想的解放是分不开的，在天文学革命开始之前，意大利就已经掀起了一股文艺复兴之风，这为激发人们研究自然现象、探究自然规律的兴趣奠定了基础，再加之资本主义萌芽的推动，意大利人开始更加重视认识自然和改造自然，并思索上帝与自然的关系，从而诞生了一批自然哲学家，推动意大利在以天文学为代表的诸多领域产生突破。

接着是英国，在继承了意大利的天文学研究的基础上，以牛顿为代表的诸多自然哲学大师，开创了经典力学、物理学等相关研究领域，促使英国成为世界上第二个科学中心。吉尔伯特、波义耳、胡克、哈雷、布拉德莱、阿代尔、哈维等都在各自的研究领域做出过突出贡献。[1] 紧随英国的是法国，当时的法国以数学闻名，数学在科学研究中的重要性，导致法国在世界科学中心中占据了一席之地；同时

---

[1] 潘教峰, 刘益东, 陈光华, 等. 世界科技中心转移的钻石模型——基于经济繁荣、思想解放、教育兴盛、政府支持、科技革命的历史分析与前瞻 [J]. 中国科学院院刊, 2019, 34（1）: 10—21.

由于拉瓦锡的卓越研究，法国掀起了一场化学革命，并成为近代化学的发源地，这让法国的科学中心地位更加牢固。在这个时期，科学中心已经逐渐从英国转移到了法国，但是英国的工业革命才刚刚开始，这恰恰说明科学革命是技术革命的诱发因素，抢抓技术革命的机遇还需重视对科学问题的研究。

法国的科学中心地位保持的时间比较短暂，原因一方面在于法国经常陷入战争的泥潭，这对科学研究产生了不可避免的影响；另一方面，德国下定决心要追赶英国的工业革命，于是下大力气进行科学和工业投入。比较有趣的是，德国真正下定决心研究科学问题还是受到法国对德国（当时被称为普鲁士）发起的拿破仑战争的影响。所以两方面因素导致德国追赶较快，而法国则草草让出了科学中心的位置。

德国开创的研究，对后来的世界产生了深远的影响，直到今天仍在发挥作用。尤斯图斯·冯·李比希创立了有机化学，维勒成功合成了尿素，施莱登和施旺创立了细胞学说，爱因斯坦提出了相对论，普朗克提出了量子概念，伦琴发现了 X 射线，[1] 一大批科学家和他们的科学研究将德国推上了世界科学中心的宝座，德国不仅确立了在世界化学中的领导地位，也继英国之后再一次开辟了物理学的新纪元[2]。

最后是美国，美国成为集大成者。虽然它原创的科学理论不多，但是它善于引进科学理论和相关人才，许多在德国的未竟之事转而在美国得到了进一步研究和发展，于是历史的接力棒逐渐从德国转移到美国的手中，再加上美国对技术发明和商业应用的良好推动，使得很

---

[1] 潘教峰，刘益东，陈光华，等.世界科技中心转移的钻石模型——基于经济繁荣、思想解放、教育兴盛、政府支持、科技革命的历史分析与前瞻[J].中国科学院院刊，2019，34（1）：10—21.

[2] 中国科学院.科技强国建设之路：中国与世界[M].北京：科学出版社，2018.

多科学研究有了用武之地，因此得以持续地将科学研究引向深入。到目前为止，美国仍然是获得诺贝尔奖最多的国家，并且一直在引领大多数科学前沿。

（三）科学中心演进的科研范式逻辑

我们知道，世界科学中心随着科学革命的发展在意大利、英国、法国、德国和美国之间转移。那么这些国家为什么会引发科学革命，并推动其成为世界科学中心呢？这背后还有一个更深层次的原因，那就是科研范式和科研组织方式的变革，这是推动科学革命爆发和科学中心转移的根本力量。

在意大利之前，人们对世界规律性的认识主要采用推理和思辨的方式，16—17世纪意大利爆发了天文学革命，哥白尼、开普勒、伽利略等人提出了实验方法，主张用实验来检验一种假设正确与否，以及通过实验来归纳提出新的理论；同时，对天文学的研究促使科学家不断构建和修正理论模型，因此用数学方法表达模型，以及用观测方法验证模型成为新的研究方法。实验科学和系统观测逐渐代替了推理和思辨，成为新的科学研究范式和认识世界的重要方式，推动了科学研究可靠性的提升和成果产出的加速。

意大利之后，英国在牛顿的推动下，把这种实验科学的方法加以普及和巩固，形成经典的研究模式，并将数学推演与实验科学完美结合，突出精确性和实验的可重复性，力学、物理学乃至整个近代科学真正开始发展为精密科学。继牛顿之后，英国大量科学家继承和发扬了这种方法，从而开启了科学研究的第一个井喷时代，英国继而成为新的世界主要科学中心。紧随英国之后，法国的拉瓦锡等人在继承实验科学方法的基础上强调定量分析，把实验科学拓展到量化研究范式，并因在数学研究上的卓越建树，使法国逐渐崛起成为世界新的科学中心。

法国是一个很好的过渡，德国的情况就比较特殊，它一边继承了英法的传统，一边又开创出新的范式乃至科研组织方式，一下子把人类科学的研究向前推进了一大步。首先，实验科学自意大利发端到英国完善，至德国时期，已经成为主流研究方法，正是在这种科研范式下，德国开创的有机化学成为一种科学并取得了长足发展，其成果之一合成尿素的深入研究和应用甚至还掀起了人类历史上的一场农业革命。[①]其次，在实验研究基础上，德国还发展出了定量分析方法[②]，从而使定量实验成为一个新的拓展，这使得人们认识自然规律和合成有机物质的能力大大提升，加快了理论成果的实际应用。最后，德国率先开发的实验室教学法，把实验方法从个人做成了团体，形成了有组织、有规模的研究，提高了科研效率，同时强调现场教学，将科研与教学合而为一，从而培养出了大量科研人才。

到了20世纪，美国在德国教学实验室的基础上，将科研组织方式推进到工业实验室、国家实验室等形态，这开创了"大科学"研究时代。在新的科研组织形式下，科研活动的组织化、建制化被提升到新的高度，规模化、集群化、网络化、开放性成为科研组织方式的内核。20世纪后半叶以及进入21世纪以来，美国引领信息技术的发展，

---

① 吴国盛.科学的历程（修订第4版）[M].长沙：湖南科学技术出版社，2018.
② 定量分析方法主要产生于有机化学领域，即在有机物合成实验中，精确测量生成物中各元素的含量，从而推断有机物的元素结构，继而确定生成物的化学式。

而这恰恰开创了新的研究范式，在计算机模型和数据分析的帮助下，模拟仿真的研究方法被广泛运用，这同时成为下一代范式（目前可以预见的）由人工智能驱动的科学研究的基础。

以上五个国家的科学中心演进和背后的范式推动因素见表8-4，从这500年的历史演进可以看出，科研范式（和科研组织方式）的变革就是引起蝴蝶效应的最初那一次"扇动翅膀"，从意大利到英国、法国、德国、美国，这些层层递进、看似微小的变化正是导致科学中心转移的根本因素，每当一种看似"不起眼"的科研范式或科研组织方式诞生并被长期使用，最终总能引起颠覆性效果，从而引发新的科技周期。所以洞察这些范式的变化非常重要。

表8-4 世界科学中心演进背后的科研范式逻辑

世界科学中心	对应时间	对应科学革命	范式演进
之前	—	—	推理和思辨
意大利	1540—1610年	天文学革命	实验科学和系统观测
英国	1660—1730年	经典力学	数学推演与实验科学
法国	1770—1830年	数学、近代化学	量化研究
德国	1810—1920年	有机化学、相对论	定量分析、实验室教学法
美国	1921年至今	相对论、量子理论	国家实验室/大科学研究 模拟仿真

当前科研范式已进入新一轮变革周期

现在我们已经得到了一个完整的逻辑，即每一次技术革命浪潮都会形成新质生产力，而技术革命是由科学革命引发的，科学革命的兴起和科学中心的转移,背后的根本推动力量是范式变革。所以,要想发展新质生产力,抢抓新一轮技术革命的战略机遇,就必须从根本上推动和引领范式变革。那么,当前的科研范式或组织方式发生了哪些新的变化呢?

(一)范式再梳理

首先,我们需要对范式的演变再做一次阶段的梳理,目前比较公认的是图灵奖得主吉姆·格雷的理论,即人类历史上共经历了四种范式变化,分别是:经验科学范式、理论科学范式、计算科学范式、数据密集型科研范式。这不失为一种好的划分方法,看上去清晰明了,但是时间跨度过长,导致人们忽略了在某段历史时期看来多种范式并存的局面,以及范式与范式之间的演进——正如本章前文所示。因此,为了满足我们的目标,即前瞻性地预见下一次范式变革的浪潮,最好的办法是将两种方法结合起来看,把重心放在对未来的推演上,而不是纠结于过去究竟是怎样划分的。

于是我们将得到表 8-5 所示的科研范式和科研组织方式的演进脉络。我们认为,在意大利开创天文学革命(16 世纪)以前,世界认识自然的方式主要靠经验研究和逻辑思辨,也就是说思维的东西多于客观的东西,很多东西靠经验来认识和解决,而不是实验。所以,这个"经验研究"不同于吉姆·格雷所谓的"经验科学",后者更多指的是"实验科学",即通过科学实验来验证理论假说。在这个时期,科研没有实现系统化,基本上都是某些人的个人行为,多依托于哲学来进行研究,所以无所谓科研组织方式,或者说科研组织方式就是个人思考。这在古希腊时期和古代中国都具有相当的指导意义。

自16世纪开始，科学研究拥有了系统化方法，虽然还不够全面，但是已经开始规范化了。这个时期其实就是实验科学的萌芽。一方面，科学家进行了天体观测和构建模型，用观测的方法来检验模型是否正确；另一方面，通过实验来验证自己的假说，这与之前纯粹的思辨方式不同，开始产生具有令人信服的"科学"性质。但是在这一时期，科学研究仍然是少数人的事情，并没有规模化的组织，因此科研组织方式仍然比较欠缺。

表8-5 人类历史上的科研范式和科研组织方式演进脉络梳理

时期	代表国家	科研范式	科研组织方式
16世纪以前	希腊、中国	经验研究和逻辑思辨	哲学家思辨
16世纪	意大利	理论模型推演 实验科学萌芽	科学家个人研究
17世纪	英国	实验科学成熟 理论科学发展	初步建制化
18世纪	法国	量化研究兴起 理论科学成熟	科学共同体
19世纪	德国	量化研究成熟 实验科学/理论科学继续	实验室教学法 系统化科研
20世纪	美国	实验科学/理论科学继续 计算科学兴起	大科学研究 有组织科研 科研成为职业

到了17世纪的英国，近代科学得到飞速发展，这与牛顿经典物理理论的建立密不可分，在这一时期，实验的方法已经开始走向成熟，凡事都要用实验去验证似乎成为一种"科学共识"。但是有些理论无法用实验的方法去验证，所以只能做无限假设，因此吉姆·格雷

所谓的"理论科学"范式出现了。比如小球斜坡实验,真正进行实验属于实验科学,但是无法做到斜坡和地面绝对光滑,所以只能无限假设,因此属于理论科学。牛顿正是基于这两种方法总结出了著名的牛顿第一定律。在这一时期,随着国家财力和科学家规模的扩张,国家开始组织一定的力量专门开展科学研究,所以在科研组织方式上出现了"建制化"。英国皇家学会和巴黎皇家科学院就是这种组织方式的代表。

18 世纪的法国基本与英国相同,但是法国的贡献在于数学的飞速发展,它实实在在地为实验科学和理论建模提供了更好的工具支撑,因此量化研究得以发展,理论科学更加成熟。在这一时期,科研组织方式仍然没有取得较大突破,基本上仍属于以个人研究为主、集体交流为辅的局面。

到了 19 世纪的德国,突破一下子产生,虽然范式变化并不大,但是科研组织方式出现了明显的飞跃。在科研范式方面,量化研究得到了最深入的发展,实验科学继续走向深入,而理论科学也更加成熟;在科研组织方式方面,德国为了更好地探索知识和培养人才,发明了实验室教学法,使科学研究一下子成为一种系统性的工作,不再只是少数人的"特权",而是人人都可以参与的研究模式。这极大地推动了科学发展。

最后是 20 世纪的美国,一开始是继承了实验科学、理论科学的方法,随后在信息技术的推动下,开启了计算科学范式,模拟仿真越来越成为自然科学必不可少的研究方法。这是人类历史上科学研究的又一次飞跃,人类首次可以借助工具来进行自动的研究。在科研组织方式上,美国也贡献了国家实验室和大科学研究,以及有组织的科研等多种研究方式，使得科研工作正式成为一种职业，更进一步地加快了科学研究的进展。

（二）新范式预见

现在，人类已进入新一轮的科研范式变革，很多迹象已经浮出水面。首先，对于自然科学来说，实验科学仍然占据着主流地位，理论科学和计算科学都发挥着不可或缺的作用，而在社会科学领域，理论科学和模拟仿真更加突出。其次，随着大数据、云计算、人工智能等技术的发展，研究变得越来越自动化和智能化，以至于目前可以预见下一次的主流范式将演变为由人工智能驱动的科学研究。这个研究方法与计算科学有以下几点明显不同。

第一，它需要非常大的数据体量，先有数据，后产生理论。也就是说，它先知道"是什么"，然后知道"为什么"，而不是先假设什么，再用数据去验证它。第二，它属于自动研究，甚至不需要人类干预。计算机模型会自动"思考"，它先通过数据学习规则，然后进行自动化处理，最后得到分析结果和解决方案，至于处理过程是什么样的，如何解释其中的因果关联，可能人力无法知晓。第三，研究方法本身可以自动进化。也就是说，以前的研究必须由人来决定是否合适，以及优劣情况，然后不断进行改进，而人工智能驱动的研究，只需要给它数据和自动学习的机会，就可以实现自我进化，从而提高研究效率。这是其与传统人力研究或计算机辅助研究存在的根本性区别。

下面可以通过一个案例来说明问题。

案例：

AlphaFold 加快蛋白质结构预测

蛋白质是人体内除水分之外最重要的组成部分，不同的蛋白质具有不同的功能，而决定这些功能的是蛋白质的结构。从理论上来讲，只要搞清楚一种蛋白质的折叠结构，就可以预测出它的功能，从而对其加以利用，甚至创造出新的、有用的蛋白质。但是在实际中，由于组成蛋白质多肽链的氨基酸数量非常庞大，要想研究和预测其折叠结构是非常困难的。2018 年，AlphaFold 的出现彻底打破了这一现状。AlphaFold 是人工智能公司 DeepMind 开发的一款蛋白质结构预测程序，在当年举办的第 13 届全球蛋白质结构预测竞赛中，AlphaFold 成功地对 43 种蛋白质中的 25 种结构进行了预测，由此在 98 名参赛者中获得了第一名，而相比之下第二名只准确预测出了 3 种蛋白质的结构。不仅如此，在某些情况下，AlphaFold 做出的预测甚至比传统的用 X 光衍射法和冷冻电镜法观测到的结论更为准确。

AlphaFold 之所以能够这么有效且高效，是因为它用了人工智能的方法，通过学习大量蛋白质的序列和结构数据，从中寻找氨基酸分子之间的相互作用，以及蛋白质片段之间的演化关系，然后按照自己找到的规律对蛋白质的结构进行预测，其中的学习和预测过程都由自己完成，这就是典型的人工智能驱动的科学研究。而且它的自我进化速度非常快，据称，2022 年，DeepMind 宣布 AlphaFold 已经对几乎所有已知蛋白质的结构做出了预测，并将所有预测的蛋白质结构放到了互联网上，供科研人员自行下载使用，据不少下载了相关数据的科研人员反映，这些数据的准确率非常高。由此可见人工智能驱动的科学研究多么重要。

以上是科研范式的说明。在科研组织方式方面，目前可以看到的迹象有以下几个方面。

首先，科研的逻辑不再单纯是线性的。原来的研究都是以科学为起点，先获得科学原理，然后产生技术应用，最后推广到社会的方方面面，是单向的逻辑。现在由于新的科学革命没有爆发，单纯追求科学研究可以获得的突破已经越来越少，所以并不太容易推进，同时，社会发展速度明显加快，技术需求越来越强烈、迭代速度越来越快，倒逼科学研究跟上技术发展的需求，所以，其实科研已经产生了逆向逻辑，即技术科学。换句话说，科学研究已经不单单是科学家的事，起码起点不一定在科学家群体，而可能在工程师、企业家等群体。

其次，科研组织方式变得越来越网络化、动态化、虚拟化和非正式化。也就是说，根据任务进行聚散，经常性地拆分组合变得越来越明显。其中的原因有两个方面：一是科研节奏的加快，人类整体生产生活的节奏都在加快，用一句话来说就是"根本慢不下来"，所以快速拆分组合就是不可避免的事情；二是任务导向的科研越来越明显，搞科研越来越追求现实利益，所以必须有一个明确的任务导向，因而根据任务定组织，就变得普遍起来。这种科研组织方式本质上就是以需求为导向的组织方式。

再次，举国体制的科研组织方式被越来越多的国家采用。所谓举国体制，本质上就是大科学研究，所谓"大科学"，就决定了必须依靠政府和市场的双重力量和大规模人力物力才能完成。对国与国之间的竞争来说，这种组织方式有利于更快、更有效地攻克工程类重大难题，推动整个产业快速发展；对人类的共同事业来说，这种组织方式使得关乎人类共同利益的科学研究变成可能。但是未来的举国体制会更加强调经济效益，即抛弃不计成本式的投入，而更加注重研发和应用的一体化设计，在人员和资源配置上也会做出提前部署。这种方式如果体现在市场上，则会呈现为创新联合体的形式，研发会逐渐变成跨企业甚至跨产业的事情，企业研发人员变成企业集群研发人员等。

最后，科研组织模式最终将服务于人的发展，这是未来的必然趋势。以前所有的科研组织说到底都是为了发掘知识和培养人才，但是在未来，科技一定会走向服务于人的路线，人会回归到"目的"，而科技只是"手段"，所以所有的科研组织方式都会解放人的天性，服务于人的自由和全面发展，包括任务的确立、人员的组织、经费的使用、结果的应用，都会更加尊重也必须尊重科研人员，人会成为调动资源的主体，而不是受资源约束的被动接受者，人的活力会被释放，基于信任、密切合作、功能互补的兴趣小组式的科研会成为主流，并最终实现"人尽其才，物尽其用"。

多措并举推动科研范式和组织方式变革

现在我们已经找到了一条清晰的逻辑，即发展新质生产力，本质上要从科研范式变革着手。范式变革是引领新一轮周期的绝佳方法，也是根本方法。通过前文的分析可以看出，科研范式的变化基本上都是由独立的个体逐渐探索出来的，而科研组织方式的变化随着有组织的科研及科学队伍建制化发展，慢慢地介入更多国家因素。因此，对于范式的变革，应更加注重科研人员本身的能动性，鼓励个体的探索；而对于科研组织方式，则可加入更多的制度设计。具体来说，可以从以下几个方面着手。

（一）要在总体上将范式变革提升到国家战略高度

既然范式变革如此重要，那么国家就应该给予充分重视，如果没有国家总体上的号召，那么很多事情的速度就会慢很多，尤其是在当前这种大国激烈竞争的情况下，国家从总体上抓基础、抓根本就显得非常必要。那么如何才能把范式变革上升到国家战略高度？

首先，需要在国家重要文件、规划中体现范式变革的重要性，甚至明确地提出要鼓励和推动科研范式变革。当然这个范式变革还包括科研组织方式的变革，甚至还有工业生产范式的变革。目前对工业范式方面的强调有很多，但对科研范式的强调还不够。建议尽快在事关科技、教育、人才的规划中，将鼓励和推动科研范式及科研组织方式变革作为国家战略或长期行动明确提出，带动学界、业界乃至全民思维方式转变。

其次，要在国家层面引领某些重大科学研究，比如关于人类自身、地球、宇宙、生命等领域的大科学研究，这些都是易引发科学革命的重要领域，应持续探索物质与能量、能量与意识、引力与时空、宇宙本源、生命本质等前沿问题，攀登科学高峰、勇闯无人区，继而寻求范式突破。

再次，要围绕范式变革谋划科技体制机制改革，采用多部门协同的改革方式，加大科教融合和科教协同改革力度，要在关系人才评价方式、经费使用等方面加强部门合作，采用同工同责、共同推进、成果共享的改革方式，切实营造改革氛围，鼓励大胆创新。

最后，要重视社会科学研究在改善科技管理和推动组织模式创新中的作用，加大对科技发展的哲学反思，推动中国哲学与西方科学对话，打破"唯科学"的思维惯性，以更加思辨的、非标准化的理念引领科学发展。这样做有利于打破认知，实现多路径突破。

（二）要尊重科学家和科研人员并持续释放其活力

范式的变化首先还是一种偶然的因素，不是规划了就一定能成功，所以为了不错过任何一个机会，还必须重视个人的作用。个人的大胆探索和创造力，对于发掘范式上的突破非常重要。为了达到这个目标，就必须给予科学家和科研人员充分的、实质性的尊重，从而继续激发其创造活力，具体包括以下几种方法。

第一，下放科研单位自主权，在科研组织上给予研究单位更多自主决定的权利，减少合规限制。要建立用人单位鼓励科研创新的责任豁免制，对于能够解决科研难题、提高科研效率的方式，不拘一格给予大胆鼓励和充分支持，尽量不要进行干涉。同时，应当实行科研单位对科研人员负责的信息传递机制，把第一手研究资料和相关信息给予一线科研人员，而不是首先经过领导，或者滞留在非主要科研人员的手中。这样才符合资源最优配置原则，才能加快知识创新。

第二，要抓关键问题，尤其是科研经费使用权问题。必须推广基于信任的科研经费管理制度，下大力气破除科研经费使用限制，将经费使用从"合规审计"转移到"服务创新"上来，不要到处设置障碍。可考虑采用"抓住两头，放开中间"的课题/项目管理模式，即在立项时进行认真论证，力争所立项目有实际意义，而且研究的问题清晰明了、切合实际；对于中间研究环节尤其是经费使用，不要做细化限制，只要成果产出符合要求即可；对结项审查进行严格把关，专业评审，确保经费使用物有所值。

第三，充分鼓励青年人员奇思妙想，鼓励和包容"非常规"的科学观念，提倡极限式研究，从内在真正尊重"极限研究"结果，形成天马行空、自由探索的研究氛围，给予"不起眼理论""超假设理论"成长空间和讨论余地，催生新思想、新热潮。其中所谓的"极限研究"指的就是超常规假设，即假设看似不可能的事情发生了会怎样的研究，这种研究目前受打压的情况非常严重，对于拓展思维、抓住意外的机遇非常不利。青年人才的思维比较活跃，应该给予他们足够的尊重和实质性的重视，以求创新。历史上伟大的科学发现也基本是在青年时期，因此要重视青年人天马行空的想法。

第四，应当以科研整风助推范式变革。当前中国的科研风气还存在很大问题，有很多明显且容易解决的问题迟迟得不到解决，对于鼓励自由的思想非常不利。有一条可行的路径是，以期刊整顿为突破口，实施学术期刊再造工程，扭转学术研究"唯方法论"倾向和"模型至上"风气，严厉打击论文买卖、抄袭、剽窃、造假等不端行为，持续清理论文代投黑中介，坚决扭转期刊/著作漫天要价、作者花钱买知识的颠倒局势，整治恶意评审、拖延时间等不良作风，让期刊回归学术交流和知识自由而平等传播的初衷上来。只有知识能够公平、自由地流动，科学创意才能更好地发挥出来，否则陈旧的知识和方法被反复套用，无法引领未来。

（三）要在开放合作和跨界交流中推动范式变革

开放合作和跨界交流非常重要，从历史上的科学事件不难发现，科研范式和科研组织方式的演变不是单个国家的事情，而是在多个国家之间互动完成的，这种跨国互动的主要载体是科学家个人和依相关主题聚集起来的科学家群体。这意味着，要想引领范式变革，就需要打造一个开放的科学系统，而不是把自己封闭起来。因此除了重视国家推动和个人探索，还要留意跨国交流与合作。为此，应该做好以下几个方面工作。

首先，要善于引进人才。用外来人才和知识对本土的惯例产生冲击，是最容易打破认知的方法，为了吸引国际学者尤其是一流科学家和大师到中国工作、交流，必须改革现有的人才体制机制。要从人才的基本诉求出发，采用倒逼逻辑，查找在政策上需要突破哪些点，然后大胆地进行改革，不能以政策无法改动为由对人才引进形成实质性限制。建议有关部门（可能包括科技、教育、外交、财政等）联合制订形成人才计划，列出问题清单，有针对性地制定改革措施。

其次，要大胆推动科学家走出去。尤其在当前大国博弈愈演愈烈的情况下，很多时候不是别人堵死了我们的路，而是我们自己基于所谓的"安全"考虑，卡住了自己的"脖子"。很多国际学术交流机会，都因为烦琐的审批程序而无法成行，这已不是新鲜的事情，其后果就是错失很多思想火花碰撞的机会。所以，要简化行政流程和管制，给予科研人员充分的信任，大胆鼓励中国科研人员走出去。

再次，要多参与和发起全球大科学合作，利用全球网络获取最前沿的科学知识和最先进的科学研究方法。可以通过设立和利用全球基金、国际论坛、智库交流平台等，形成学术信息网络，常态化跟踪各领域优秀人才，以及该领域的动态、取得的进展等，最终形成引领性的研究团体。

最后，要旗帜鲜明地提出和实行开放科学，加大力度破除国内外学术资源使用限制，提供更加全面、完善、真实的信息流通渠道，促进知识自由流动，加快知识创新。比如开放国外学术数据库、搜索引擎、社交软件等，还有诸如ChatGPT、Sora等人工智能前沿产品，一方面方便自己进行科学研究，另一方面可以持续追踪和研究，避免差距越来越大，只有这样才能有引领的机会。

第九章

实现更高水平科技开放合作

发展新质生产力、实现高质量发展是一项系统工程,虽然率先培育新质生产力的国家可以引领新的技术经济周期,但并非依靠一个国家的力量就可以完全引爆新一轮革命,尤其是在当前科技发展日新月异、科技创新飞速演进的情况下,如何更好地实现高水平开放合作,对于抢抓科技革命机遇和培育新质生产力非常重要。

发展新质生产力要求扩大开放合作

新质生产力是畅通国内大循环和塑造我国在国际大循环中主动地位的关键。构建新发展格局的关键就是提升供给体系的创新力和关联性,解决各类瓶颈问题,畅通国民经济循环。而要做到这一点,就必须深化改革、扩大开放、推动科技创新和产业结构升级。当前,新一轮科技革命和产业变革深入发展,一方面,科学发现不断向宇观、宏观、微观和极端条件拓展,科学技术和经济社会发展加速渗透融合,为后发国家实现经济和技术赶超提供了难得的"机会窗口";另一方面，当今世界百年未有之大变局加速演进，科技创新成为大国战略博弈的主战场，围绕科技制高点的竞争空前激烈，我国科技创新的结构性短板、"卡脖子"等难题凸显。只有通过培育新质生产力，以新质生产力驱动高质量发展，才能增强应对外部重大风险挑战的抗压能力、应变能力、对冲能力和反制能力，才能以科技创新的主动赢得国家发展的主动，以自立自强的能力筑牢民族复兴的基石。

发展新质生产力必须在开放的系统中加快科技自立自强的步伐。目前，科技创新成为国际战略博弈的主要战场，围绕科技制高点的竞争空前激烈。自主创新是在开放环境下进行的创新，不是闭门造车，不是单打独斗，不是排斥学习先进，不是把自己封闭于世界之外，而是要聚四海之气、借八方之力，用好国际国内两种科技资源。在经济全球化深刻调整的大背景下，让创新资源在世界范围内加快流动，使各国经济科技联系更加紧密，任何一个国家都不可能单纯依靠自己的力量解决所有创新难题。

发展新质生产力必须以全球视野谋划和推动科技创新。科技创新是新质生产力的核心要素，实现高水平科技创新，必须坚持全球视野和系统谋划，实施更加开放包容、互惠共享的国际科技合作战略，以更加开放的思维和举措推进国际科技交流合作，以开放创新促进我国科技在更高的起点上自主创新，加快实现高水平科技自立自强。我们要以更加开放的思维和举措推进国际科技交流合作，用好国际国内两种科技资源，使我国成为全球科技开放合作的广阔舞台，形成全方位、高水平的开放创新发展新格局。我们也希望学习借鉴更多的国际先进经验，同时向世界分享更多的中国科技成果，在应对全球性挑战时，贡献更多的"中国智慧"。

加强国际开放合作的制度设计

开放合作，制度先行，良好的制度设计对于扩大开放合作起到事半功倍的效果。面对国际博弈日趋激烈、日益严峻的形势，必须首先在制度开放上有所作为。

第一，要加大制度性开放和开放体系的治理设计，全方位加强国际科技创新合作。稳固和深化政府间科技创新合作机制，为构建全方位科技开放合作伙伴关系奠定基础。扩大科技人文交流，支持民间科技创新合作。制定加强民间科技交流合作的政策。加大多元化资金投入，支持企业、高校、科研机构、科技社团等广泛开展国际科技合作与交流。考虑到2025—2030年全球有可能迎来一个新的经济增长阶段，中国需要与世界各国共同迎接数字经济时代和新一轮科技与产业变革。

第二，要畅通创新要素高效合理流动机制。健全知识、技术、数据等生产要素按市场评价贡献的机制，进一步激发全社会的创造力和市场活力，健全技术产权、价值评估、流转交易、价值担保、诚信监督等机制，建设互联互通的数据与技术要素交易网络。支持科研数据、资源、物品依法跨境流动。建立健全数据安全、权利保护、跨境传输管理、交易流通、开放共享、安全认证等基础制度和标准规范，建立和完善数据要素的分配机制、市场监管与资产管理办法，促进技术和数据要素流通并与资本等要素深度融合，实现科技创新链条和金融资本链条的有机结合。完善跨境数据流动的制度体系建设，促进科研数据安全有序自由流动。加大科技计划对外开放力度，构建开放包容的人才发展环境。创新海外人才吸引机制。不断完善吸引外籍人才来华的服务体系，为外籍人才在华生活提供"国民化"的便利措施。

第三，要完善知识产权与技术标准对数字经济的支撑引领和前瞻布局。我国在数字领域的国际话语权有待加强，国际规则和标准体系参与度还需进一步提升。重视知识产权的高质量发展，加强与产业的联动布局。健全知识产权交易平台及体系。将知识产权作为夯实产业技术基础的重要发力点，加强产业技术攻关与知识产权协同联动，促进关键领域高质量知识产权供给，引导创新主体加强关键前沿领域核心专利布局。强化知识产权全链条保护，抓紧落实知识产权惩罚性赔偿制度。建立科技创新与标准研制应用协同发展机制，完善国家共性基础技术标准体系，加强战略性新兴产业、关键共性技术等的标准制定，在新兴交叉领域建立健全政府牵头、产学研用广泛参与的技术标准协调机制，积极参与国际标准的制定修订，推进中外标准战略对接和优势领域标准"走出去"。

第四，要构建更加专业、高效的科技服务体系，不断完善多元化投入机制。建立与国际接轨的科技服务规范，提升科技中介机构的国际化服务能力。打造一批有国际影响力的科技期刊与科研数据库。今天的投资结构就是明天的产业结构，中国基础研究投入仍不足，企业和其他社会力量以及社会捐赠等投入比例严重偏低。商业银行支持科技创新受到信贷、监管和考核等方面的制约；与科技创新特点相适应的政策性银行缺乏，政策性银行对科技创新的支持也不足。中国股权投资基金规模虽已居世界第二位，但投资硬科技赛道的总体规模不足，创业投资不足，资本市场在引导创业投资发展上的作用不够。科技型中小企业特别是初创企业融资困难。风险投资发展质量不高。中国风险投资总体大而不强，截至2023年，我国股权投资基金规模达到14.36万亿元，位居世界第二，但是风险投资占比低，投资硬科技赛道总体规模不足。很多本土风投跟班式投资，投早、投小、投硬科技不够。资本市场为高科技企业融资的功能发挥不够，渠道不畅。

扩大国际开放合作的重点领域

当前，全球新一轮科技革命孕育的技术成果已经到了爆发的临界点，前沿技术和颠覆性技术的集中涌现、相互赋能和加速应用，正在推动新产业、新业态、新模式加速迭代形成新质生产力。以科学技术新原理、新组合、新应用为基础产生的突破性创新，有望推动相关产业乃至全球经济的革命性进步。随着人工智能、量子信息、前沿生物、低碳能源等领域的加速融合，基础科学和应用科学的发现、验证、应用加快出现，新科研范式呼之欲出，催生出生物制造、商业航天、低空经济等若干战略性新兴产业，开辟出量子技术、生命科学等未来产业新赛道，不断丰富现代化产业体系的内容和形式，极大地提高了社会生产力。面向未来，围绕如何更好地培育新质生产力，中国应在以下方面加强与国际社会的合作。

第一，围绕世界科技发展前沿开展国际合作。与世界发展保持同频共振，一同抓住新科技革命和产业变革的关键窗口期。当前基础科学和前沿技术加快突破，向经济社会各领域扩散的速度、深度和广度前所未有，人工智能、大数据正在推动科学研究范式发生深刻变革，以科学技术新原理、新组合、新应用为基础产生的突破性创新，有望推动相关产业乃至全球经济的革命性进步；量子计算、类脑计算等非传统架构计算技术持续进步，将突破现有计算系统的物理极限和瓶颈，给信息技术和产业带来颠覆性影响；各类前沿和颠覆性技术相互赋能，迭代突破，发展的新能量不断集聚，正在成为全球生产力新跃升的突破口，对经济社会发展将产生全局性的影响。这些都是开展国际合作的重点领域。

第二，把数据转化为新生产力开展合作。随着信息技术的发展，以大数据为代表的信息资源向生产要素的形态加速演进，数据已成为新型生产要素，并与其他生产要素高效协同，颠覆传统生产方式，一起融入经济价值创造的整个过程。数据要素与其他生产要素的高效协同联动极大地提高了社会生产力，科学技术系统、经济系统、社会系统、生命系统、生态系统等交叉融合，成为生产力发展的决定性因素和推动社会进步的强大动力。庞大的数据资源成为发展新质生产力不可或缺甚至关键的部分，谁抓住了数据资源，谁就掌握了发展新质生产力的主动权。

第三，围绕推动经济社会绿色发展开展国际合作。经济发展和环境保护是世界性难题，绿色发展是高质量发展的底色，新质生产力本身就是绿色生产力。推动经济社会发展绿色化、低碳化，把经济高质量发展和环境高水平保护辩证统一起来，形成两者相互协同、共生共促的关系，是中国经济进入高质量发展新阶段，践行新发展理念、构建新发展格局的有效路径，也是发展新质生产力的重要内容。数字化、智能化、绿色化深度融合、交互影响，正在深刻改变着科技革命和产业变革的演化路径，以人工智能、移动互联网、云计算、量子信息为代表的新一代信息技术对经济社会生活的渗透率越来越高，正在以前所未有的广度和深度，不断推进资源配置方式、生产方式、组织方式、经济发展模式的深刻变革，绿色发展必将成为未来国际社会的主流，因此抓住绿色发展的合作机遇，就是抓住未来新质生产力发展的机遇。

加强开放合作的科技外交策略

科技外交是世界科技大国角力的重要舞台，它不仅在国际政治格局和国家总体外交中具有越来越重要的作用，而且对于持续推动科技发展、服务建设科技强国也不可或缺，为此必须构建全方位、多层次、立体化的科技外交。

一是要加强中国特色科技外交理论研究和顶层设计。以习近平外交思想和习近平总书记关于科技创新的重要论述指导科技外交实践，探索建立具有中国特色的科技外交理论。完善更加开放、包容、互惠的科技外交战略和国际科技合作规划，使科技外交成为我国构建新型国际关系、全面融入全球创新网络的重要途径和手段。

二是促进科技与外交工作联动。加强我国科技政策的"对外意识"，进一步建立完善的科技创新对话机制，完善与主要国家、重要国际组织的多边合作机制。重视和加强科技领域的外交，加强智库、民间的交流合作，探索机制灵活、多样化、自下而上的民间科技交流与合作途径，形成国家、民间团体共建的科技外交网络。

三是积极拓展"一带一路""金砖国家"科技外交。加强先进适用技术示范与推广，推动科技创新资源互联互通，通过科技人才培养、联合开展研发项目、共建科技园区、科技政策规划与战略咨询等方式，帮助广大发展中国家提升科技创新能力。深化在高科技领域的合作，从能源伙伴、贸易与投资伙伴向高科技伙伴迈进。从关注某个领域、某项技术的合作，逐步向构建完备安全的产业技术体系、能源合作体系、共同价值观和叙事体系方向迈进。

四是深度参与全球科技治理。积极主导和参与人工智能、区块链、合成生物、大数据、物联网等新兴技术的国际治理。稳步提升全球科技公共产品供给能力。牵头组织和参与国际大科学计划和大科学工程，创制国际科技合作公共产品，搭建高层次的国际科技交流合作平台。增强我国在创新合作议题设置和规则制定中的主动权，围绕气候变化、清洁能源、新技术对经济发展的影响等领域，拓展对话议题，丰富对话内容。

五是提升科技外宣工作的影响力，讲好讲透中国科技创新故事。科技是支撑国际交流合作、促进民心相通的重点领域，新时期我国科技外交工作急需提升科技外宣工作影响力，营造我国主导的国际科技传播交流与合作氛围。要讲好中国科技发展故事，反击技术"污名化"，宣扬新发展理念，超越技术民族主义，在崭新的面貌中为科技创新合作寻求新的渠道。

第十章

推动科技向善和人的全面发展

新质生产力必须区别于传统生产力，必须有新的突破、新的体现，这体现在科技创新上，就是要从思想理念到发展路径都有新的突破。如何才能实现突破，从本质上来讲，必须重新定位科技与人的关系，即将"人"摆在更为重要的位置，而科技则服务于人的发展；同时，需要依赖科技解放人的思想，实现人的自由而全面的发展，以此来体现新质生产力的"新"特质；还要结合中华传统文化，在文化的传承与发展中实现与科技的融合，从而塑造出前所未有的世界新优势。

人是目的：科技永远服务于"人"

自从科技革命时期以来，科技一直在推动生产力的前进，但在这一过程中，人似乎成了科技的附属品，而不是受益者。科技以其强大的力量引领着前进的步伐，人选择了服从，以满足于科技带来的便利和生产力的提升，但人在科技面前却变得越来越渺小，甚至有时候会被科技牵着走，我们在享受科技带来的便利的同时也在不断地适应，投入更多的时间和精力去接受新科技，习惯新的生活方式。

我们可以回溯工业革命时期，那时的发明和创新，如蒸汽机、纺织机、火车等，对于生产力的提高起到了巨大的推进作用。生产力的提升，使得产品的生产效率大大提高，大量的商品能够快速地投入市场，满足人们日益提升的物质需求。然而，这一进程也让人在很大程度上成了科技的附属品。以当时的工人阶级为例，他们每天在工厂中进行繁重且单一的劳动，身心俱疲，被严格的规定和机器的节奏所束缚，没有自由，工作环境恶劣，工作时间过长，工人深受压迫。尽管科技大大提升了生产力，但这些科技成果并没有使工人的生活得到质的改善，反而在很大程度上损害了他们的利益。从这个例子中，我们可以看到在科技推动生产力前进的过程中，人的地位和利益常常被忽视。这也为我们今天思考如何在科技创新中更好地关注和保障人的利益提供了深刻的启示。我们需要在发展科技的同时，更加重视其对人的影响，让科技真正地对人的生活产生积极的影响，而不是简单地追求生产力的提升。

随着新质生产力理念的提出，我们开始重新思考科技与人的关系，尤其是在日益重视人的全面发展和幸福生活的社会背景下，人本逻辑成了科技创新的新发展路径，我们开始认知到，科技创新不应仅仅关注技术的方方面面，而应更多地关注人，关注我们的生活，关注社会的进步。科技创新不应只是追求效率和盈利，更重要的是要服务于人的基本需求和福祉，强调人的全面发展是科技进步的终极目标。

（一）科技创新与人本价值

科技创新理应与人本价值原则相辅相成，目的在于满足社会成员普遍的需求，实现人类生活方式的整体提升。韦伯指出，"技术的选择和应用必须顺应社会文化的价值和道德"[1]，这启迪我们在追求技术进步时，更要考量科技如何进一步确保平等获取知识与资源，促进人的全面发展，而非单纯优化生产效率和追逐经济利益。这意味着，科技创新的方向和发展需要反映社会共同的价值观念，使之成为推动人类实现更高生活品质的动力源泉。科技创新在全球范围内持续推进，其对人类生活的影响日益增强。然而，科技的发展与应用并非毫无争议。在追求更高效、更智能的技术产品和服务的同时，必须同样关注它们是否遵循了人本价值原则。而人本价值原则要求科技创新应以促进人的福祉为核心，包括实现人的基本需求，促进平等与正义，以及丰富人类的生活体验。

首先，科技创新应致力于提升所有人的生活水平。在平等的维度上，科技必须有意识地弥补而非加深社会鸿沟。据努斯鲍姆在《寻求有尊严的生活》中提出的能力观点[2]，科技创新应该扩展人的"能力"，让他们能够更全面地过上自己的生活。例如，互联网的普及有助于减少信息不平等，但同时也需要注意技术的可获取性问题。因此，公共政策在推广普及新技术时，应关注基础设施的公平分布，使每个社区都能从中受益。

---

[1] Weber M, Kalberg S. *The Protestant Ethic and the Spirit of Capitalism* [M]. Routledge, 2013.
[2] Nussbaum M. C. *Creating Capabilities: The Human Development Approach* [M]. Harvard University Press, 2011.

其次,科技创新应通过可访问性和使用的便利性来直接提升人类福祉。唐纳德·诺曼在《设计心理学》中强调了以用户为中心的设计原则,认为科技应简化而非复杂化人们的日常任务。[①] 例如,智能家居技术可以帮助残障人士更方便地控制家中设备,提高其生活自主性。

最后,为了丰富人类的生活方式,科技创新应融入创造性与个性化元素。契克森米哈赖在其关于心流经验理论的研究中指出,当人们在活动中感到完全投入时,将有更高的生活满意度。[②] 创新科技如虚拟现实和增强现实游戏,能够通过提供沉浸式体验,触发这种状态,从而丰富人们的休闲文化生活。

(二)改变科技与人的关系——人成为科技创新的中心

在人本逻辑的指引下,我们开始重新定位科技与人的关系,以人为出发点,人的需求和利益成为推动科技创新的原动力。在这样的发展路径下,科技创新不再只是为了追求技术的先进,而是要深入挖掘人的需求,用科技的发展来提升生产力,服务于人的自由全面发展,创造人的幸福生活。这种变化使得人和科技的关系从被动适应变为主动适从。

伴随科技发展的步伐,人的需求和利益作为科技创新的风向标,显得越发重要。如何理解科技与人的关系,显得至关紧要。在这个过

---

① Norman D. *The Design of Everyday Things: Revised and Expanded Edition* [M]. Basic books, 2013.
② Csikszentmihalyi M. Flow and the Psychology of Discovery and Invention [J]. *Harper Perennial*, New York, 1997, 39: 1—16.

程中，科技创新的目标不再仅仅是追求技术的前沿，而是深刻理解和解读人的需求。技术积淀的力量被用于广泛而深刻地挖掘人类的需求，以此推动技术的进步。在这样的发展轨迹下，科技的进步成为推动生产力提升的强大动力，用以服务于人的全面而自由的发展，极大地提升人类的幸福感。

这种人、科技二元关系的塑造，使得人们对于科技的态度从以往的被动适应，转变为主动引领和塑造。在这里，科技不再是作用于人的外力，而是通过人的需求和原创力得以创新和发展。潜在的需求，如同绿色的信号灯，引导科技在满足需求的道路上不断前行。

此种转变在很大程度上决定了科技创新的方向和节奏。这将在很大程度上摒弃那些忽视人的需求和利益，以及以科技优越性为唯一追求目标的研发活动，取而代之的是以人为中心，着眼于人的需求和利益的科技创新活动，以期通过科技的发展来提升生产力，驱动社会的进步。

这一变化的实质，是在科技和社会二元结构中，把"人"放在了中心位置。人的需求和利益被重新定格在了伦理道德和社会责任的核心，为科技进步提供了理论支撑和方向导航。同时，人的主导地位也意味着科技需要为人的发展提供服务，关注人的生存和发展问题，关注个体和群体的福祉问题，更关注社会整体的可持续发展问题。这样的科技便是人本的、符合人的需求和渴望的，可以增进人的福祉，推动社会的和谐发展。

此论述则诠释了一个世界观的转变，也就是从科技中心观到人本观的转变。在这个过程中，科技的角色从中心位置转移到了服务于人的位置，人的角色则上升到了主导地位。这一难得的角色转换也标志着我们对科技与人、科技与社会关系的深入理解和重新定位，标志着科技创新进入了一个新的历史阶段。本质上，这是一次科技理念的重塑，也是向全人类的生存和发展以及社会的可持续发展承诺的体现。

（三）人本逻辑的转变对于发展新质生产力的意义

新质生产力并不仅仅关注生产力的提升，更看重的是"新"的含义——它关注的是人的需求、人的发展、人的幸福。人不再是工作的奴隶，而是享受生活的主体。人的生活不再完全为工作所主宰，而是在工作和生活之间找到了新的平衡。在人的自由发展和科技服务之间，人的幸福感得以提升。这种以人为本、以科技为服务手段的逻辑，成了新质生产力的核心。

因此，人应该作为主体，以人的需求和利益作为科技创新的出发点和归宿，人的自由而全面发展就是科技创新的方向。只有这样，才能真正促进新质生产力的发展，提升人的幸福感，使得科技真正服务于人。科技不再是竞争的工具，也不再是作恶的手段，更不会违背伦理。科技将成为推动人类社会向着更加美好的未来发展的重要力量。

新质生产力的发展是对传统生产力发展模式的重塑和升级，它需要人和科技产生新的关系模式。这种模式以人为本，以科技为手段，不仅提高生产力，更关注人的需求、人的发展和人的幸福，更强调科技的社会责任和伦理道德。这种转变具有以下意义。

一是创新驱动力的改变：在人本逻辑下，科技创新的动力将更加关注人的需求，而不仅仅是技术进步，这将在一定程度上提高科技创新的针对性和实用性。二是科技创新的发展方向：传统的科技创新往往侧重于技术层面的突破，而新质生产力更强调用科技改善人的生活、提高人的生存质量、推动人的全面发展。三是社会环境的优化方面：以人为导向的科技创新活动，可以降低科技导向的社会问题，利用科技普及和技术解决方案改善社会环境。四是人的角色转变：在以前，人往往被看作科技的被动接受者，而在新质生产力的发展过程中，人的角色转变为决策者和价值判定者，科技为人服务。五是科技道德与伦理的关注方面：以人为导向的科技发展不仅强调科技在满足人类需求方面的重要性，也强调科技需要遵循道德和伦理原则，尊重人的权益，保障社会公平正义。

（四）实践新质生产力——人本科技创新的具体应用

新质生产力理念的提出，使我们开始重视科技对人的全面服务。丹尼尔·贝尔在《后工业社会的来临》中阐述了信息科技如何转化为社会发展的新引擎。[①] 科技的发展应当从有助于社会公共利益的角度出发，致力于解决社会的不公和偏见，以及环境可持续性等关键问题。这不仅涉及科技本身的研发，更关乎其如何被普遍地应用于教育、卫生和社会治理等领域，从而推动社会整体进步和文明的进程。通过科技的普及和合理应用，可以提高民众的生活质量，减少因经济、教育等差异造成的社会分层。

---

① Bell D. *The Coming of Post-Industrial Society* [M]. Columbia University Press, 1964.

1. 提高生活质量

科技创新对于改善人类的生活质量具有深远的影响。在现代社会，各种科技产品和服务已经渗透日常生活的每个角落，从基础设施建设到个人生活的方方面面，科技的触角都在助力提升生活质量。

如在健康管理方面，数字健康跟踪设备和应用程序（如智能手表和手机的健康应用）帮助个人监控自己的身体状况，并提供关于饮食、锻炼和生活方式的实时反馈。此外，远程医疗和在线咨询服务让人们足不出户就能获得医疗建议和服务，这在偏远地区尤其重要。在个人效率提升方面，日历应用、任务管理工具以及各种自动化服务让个人生活的组织和计划变得更加简单高效，从而可以释放出更多的时间来开展其他有意义的活动。在交通与出行方面，共享经济平台如优步和爱彼迎提供了更加多样的出行和住宿选择，同时导航系统和实时交通信息服务（如谷歌地图）大大减少了人们在出行过程中的时间浪费等。

案例：

智能家居

在现代快节奏的社会中，科技正在引领着我们的生活方式，在紧张的一天结束后，回家便是舒适的归宿。而智能家居通过各种设备及系统的有效协作，让我们的家更加智能、舒适、安全。

一是舒适性。想象一下，你一下班，自动门识别到你的到来为你开门；一进家，智能灯光系统将灯光调节至柔和的温暖色调；智能空调已经根据你的生活习惯，调节到最舒适的温度；你坐到沙发上，智能电视已经为你播放你最喜欢的节目。科技已经让这样的生活不再是遥不可及的梦想。所有家电都能理解你的需求,并为你提供最舒适的体验。

二是健康管理。比如智能健康监测设备,它能全天候监测你的身体状况,如心率、血压、睡眠质量等,并提供健康报告和建议;智能厨房设备能为你准备健康的食物,确保你的饮食健康。

三是安全性。无论你身在何处,智能监控系统都能随时掌握家中的情况,防止不法分子的侵入;在室内有烟雾产生时,智能烟雾报警器能即刻报警,并自动启动通风系统,旨在保障你和家人的生命安全。同时,智能门锁系统能提供独一无二的安全密码,确保你的家庭安全。

四是节约能源。智能家居系统能实时监控家中所有电器的电力使用情况,并智能地调控电器的运作,比如当你不在家时自动将未关闭的电器关闭,或是在需要的时候自动开启,不仅节约能源,还节省电费。

五是便捷性。想象一下,你只需要对着智能音箱说一声"好听的音乐",就能享受到令你感到舒服的音乐;只需要轻轻说一句"打开电视",电视就会自动打开。这种便捷性是科技带来的最直接的生活体验。

科技创新在很多层面为日常生活提供了正面作用,无论是基础设施的改进、个人健康的管理,还是社交互动和娱乐方式的升级。这些科技产品和服务相互结合,共同打造了一个更加高效、舒适、健康和愉悦的生活环境。

2. 提升教育可达性与平等机会

科技创新的一个关键目的是扩大服务和资源的可达性,确保每个个体都能平等地享受到科技进步带来的好处。可达性的提升有助于消除空间和经济条件造成的不平等。科技创新在提高教育可达性和平等机会方面发挥了重要作用。

如在远程教学平台方面，诸如 Coursera、可汗学院和 edX 等在线学习平台的兴起，已经使全球数百万名学生能够接触到高质量的教育资源。这些平台上的课程往往免费或成本较低，来自世界顶尖大学和机构的知识讲座，有效打破了地理位置和经济条件的界限。在教育资源建设方面，开源教育资源提供免费可通过互联网访问的教育材料，如教科书、课件、教案等，使贫困地区和资源有限的教育机构也能获得高质量的教育资源。在自适应学习技术方面，自适应学习平台如 DreamBox 或智慧树，采用算法根据学生的学习进度和理解能力个性化内容和难度，这确保了具有不同学习能力的学生以适合自己的节奏和方式学习。

案例：

Coursera

Coursera 是一个提供全球公开在线课程的大型在线开放课程平台，它拥有来自世界各地最顶尖大学和业界最权威机构的课程，如计算机科学、商业、艺术等领域。这是一个展示科技的绝佳例子，尤其是互联网如何帮助改善和提升我们的生活质量。

Coursera 上有大量世界顶级大学和教育机构开设的课程，这意味着无论你身在何处，无论贫富或年龄，只要有网络，人人都可以免费或低成本获得优质的教育资源。这是传统教育无法做到的，但科技让它变为可能。它还能提高教育的便利性和灵活性。与传统的线下课程相比，Coursera 上的课程可以随时随地学习，你可以根据自己的时间和进度进行学习，这为那些需要工作或有家庭责任的人提供了极大的便利，以此促进终身学习。Coursera 不仅适用于在校学生，也非常适用于任何期待充实自我、提升技能的人，我们可以在这里学习一生。而在如今这个快速发展的社会，终身学习已经变得越来越重要，因为我们需要不断地学习新的知识和技能以适应这个快速变化的世界。

科技创新在教育领域的作用不容小觑。科技进步不仅消除了地理障碍，使得优质的教育资源能分布得更广泛，促进形成民主化的教育方式，还让更多人有机会学习他们所热爱的课程，不论他们处于何种年龄、背景，甚至地理位置。同时，科技进步赋予了学习过程更大的自主性和便利性，你可以根据自己的进度、兴趣，甚至时间来进行学习，不再受制于固定的课程表和地点，这样的自由度也提升了学习的效率和效果。此外，科技创新也在教育领域推动了终身学习的实现，与传统的学生毕业—就业的模式不同，现在的生活模式需要我们在任何时候都能积累新知识、新技能以适应快速发展的社会。科技创新恰好能满足这样的需求，它提供了便利的平台，诸如 Coursera，让我们能随时随地进行学习，实现终身学习。

科技的这些应用可以大幅度提升教育的普及率和质量，尤其是在资源受限或地理位置偏远的地区。科技创新的教育工具和平台不仅提升了教育资源的可访问性，也推动了全球教育平等化的进程。

3. 鼓励创新和多样性

科技作为创新和多样性的关键动力，无疑在当今社会中扮演着举足轻重的角色。一方面，科技提供了一个平台，将创意转化为现实。各种先进的数字工具和软件，如图形设计软件、音乐制作工具以及编程框架，为创作者带来了前所未有的便利，使他们能够更加轻松地呈现和实现自己的想法。另一方面，科技催生了网络空间的无限可能性，从网络论坛到社交媒体平台，人们得以自由表达自己的观点，分享创意，并与全球范围内的同行进行互动和协作，使得文化与知识的交流更加广泛和深入。同时，科技还在不断地推动个性化和定制化进程。大数据和人工智能的应用让个人偏好得以识别和挖掘，无论是产品设计、服务体验还是市场营销，科技均能够提供符合每个个体独特需求的定制解决方案。这不仅提升了用户的满意度，而且促进了市场上产品和服务种类的多元化，推动了多样性的发展。

进一步来说，科技还被用于打破传统行业的壁垒，通过新型的商业模式和服务概念，创造出前所未有的市场和机会。这样的进步不仅为消费者提供了更丰富的选择，同时也为企业家和创业者打开了新的创业之路。由此可见，科技不仅在表面上带来了变革，更在深层次上激发了社会创新精神和多样性的蓬勃发展。

案例：

GitHub

GitHub 是一个面向全球的服务，它允许无数来自世界各地的开发者上传自己的项目，展示他们的创意，并与他人共享，以供他人学习和使用。

首先，GitHub 最大的作用就是打破地域约束，增进协作。借助互联网和版本控制工具，开发者可以随时把自己的创新分享出来，让世界各地的人都能看到。这无疑极大地丰富了思想交流，精彩的点子不再因为地域限制而默默寂灭。同时，跨国度、跨文化、跨职业的多样性，也大大增加了创新的可能性。其次，GitHub 的另一个关键概念是开源。开源意味着透明，任何人都可以看到源代码，学习其中的技术，理解其中的设计思路。开发者可以吸取其中的长处，避免重复制造，也可以找出里面的不足，进行改进、优化，提交自己的版本。在这个过程中，人们既学到了新知识，又为原有的项目添砖加瓦，这对个人和社区都是双赢的结果。GitHub 不仅仅是一个代码存储库，许多开源项目包含丰富的文档，并且往往提供了完整的开发和使用指南。这些资源对于初学者和专业开发者都是十分有价值的学习材料。借助这些教学资源，开发者可以学习到新的开发工具、框架、库和最佳实践。在这个发展速度飞快的技术世界里，持续学习和提升对开发者来说是非常重要的。

GitHub 通过拉取请求（Pull Request）的方式，进行多人协作开发。每个人可以基于主分支创建属于自己的分支，进行功能开发或漏洞修复，并通过发起拉取请求，将自己的改动提交给其他团队成员审核。这种机制大大提高了代码质量，也能让开发者从别人的审查中学习到新的知识和技巧。GitHub 更是一个庞大的生态系统，数以百万计的开发者在这里交换思想，分享经验。它充满了活力和创新，让所有人都能接触到一流的项目和一流的开发者，开阔视野，提升自身。

GitHub 运用科技鼓励全球性合作，推进开源精神，提供持续学习和接受教育的平台，采用严密的代码审核机制保证代码质量，并形成了一个生机勃勃的开发者社区。所有这些无一不体现了其对创新和多样性的鼓励，从而彻底改变了我们编写、分享和学习代码的方式，极大地促进了科技的进步和发展。

科技与人的关系正在发生深刻变化，科技已经不再是人的主宰者，而是人的服从者，科技的发展必须以人的需求和利益为出发点，服务于人的全面发展。在此理念下，新质生产力得以实现，推动我们的社会不断进步。展望未来，我们相信，在这一理念的指引下，科技将更好地服务于人，推动人类社会的发展。

新质生产力是解放思想的生产力

解放思想是催生新质生产力的先决条件。没有解放思想就没有新质生产力。通过打破当前科技创新的弊端，促进思想的解放，打破固化思维。以往科技创新的特点越来越趋向标准化、流程化、专业化，这使得我们的思维和行为越来越固化、机械化，从而限制了我们的创新力。我们需要打破这一切，对科技创新进行重新考虑，从而实现思维方式的改变和思想的解放。

（一）新质生产力：枷锁的解开——解放思想的必要性

在科技飞速发展的今天，传统的生产力观念已经无法适应时代的进步。我们需要一个新的、更具内涵和深度的生产力概念,这便是我们所说的新质生产力。新质生产力是一个复合型概念,它强调创新思维、学习能力和信息处理能力上的提升。这三项能力不仅是现今社会经济发展的关键因素,而且它们各自又与其他要素相互交织,形成了复杂的价值链,推动着社会进步。在新质生产力的理念下,我们不再将生产力局限于物质和资本的积累,而是将其与知识经济和创新能力相结合。这是因为,在信息化和全球化的背景下,知识本身已经越来越被视为一种新的生产力。

从新质生产力的特质来看,它的绽放源于我们内心的观念更新与思想的解放。在越来越快速的科技发展与社会变迁中,生产力的创新和提升逐步成为社会发展的重要引擎。然而,究竟何为生产力的创新与提升,我们需要清楚地认识到,这不仅仅是技术的突破或者经济的增长,更深层次的含义在于我们思维方式的革新,以及我们对世界的理解和格局的更新。这就需要我们突破传统的思维模式,勇于接受新的理念,敢于挑战已有的常识。没有思想的解放,我们仅能在已有的框架和模式中徘徊,无法真正往前推进。我们的视野受到局限,我们看待问题的角度和深度都会受到影响,我们在理解和解决问题的过程中,也会受制于固有的思维定式,无法形成新的思考和行动模式,生产力的提升将很难实现。

反之,如果我们能解放思想,勇敢突破固有的观念,那么我们便可能开创属于自己的创新路径,形成新的思维模式和行动模式,这些新的模式将驱动我们向前,推动我们的创新力量,也就是推动社会生产力的提升。这种勇于挑战,不断求新、求变的精神,正是我们面对未来,适应新时代,实现生产力创新所必需的。

（二）科技创新：思想解放的力量——以新科技刷新认知

科技创新作为推动社会进步的一股重要力量，犹如一把锋利的剑，能够在思想的丛林中开辟出一条新的道路。换句话说，它可以被视为一把解放思想的钥匙，可以突破思维的界限，引领我们走向全新的认知领域。

现代社会，我们熟知的那种"科技就是生产力"的视角，似乎已经在新的历史进程中显得不尽如人意。这种观点的形成，主要源于工业化阶段的社会背景和科技状况。在那个时期，科技的主要职能确实是推动生产力的提升以满足人们日益增长的物质需求。然而，这一观点忽视了科技的其他重要职能，如引领思想的解放，推动知识的创新等，这在很大程度上限制了我们对科技、生产力乃至现代社会的全面理解。

因此，对于我们所追求的新质生产力而言，这种思维模式显然滞后了。我们需要转变自己的视角，重新审视科技与生产力的关系，使其更契合我们对于新质生产力的理解和追求。新质生产力的视角，不仅关注科技对生产力的推动作用，更关注科技对思想解放的推动作用。

在新质生产力的视角下，我们更应重视如何通过科技创新来解放思想，打破旧的思维模式。这包括如何利用科技创新形成新的认知方式，如何借助科技创新挑战旧的理念与常识，如何运用科技创新探索新的思维模式，等等。这一过程旨在将科技创新与思想解放相结合，形成一种新的动能，促进社会生产力的全新提升。

此外，我们需要理解，科技创新并非仅限于技术的更新迭代，它会带动整个社会思想的转变和观念的刷新，从而产生深远的社会效应。因此，科技创新应被看作解放思想的有力工具，通过展现新的科技实践方式，激发创新的思想，引领公众的理解和认知向着更具深度和广度的视野扩展。

最终，我们会看到，科技创新带动了新的创新思想、创新机制和创新行为诞生。它们构成了新质生产力强大的内生动力，为我们的社会提供源源不断的创新动能。换句话说，科技创新在推动社会生产力的升级中，发挥了重要角色。这就体现出科技创新在解放思想、推动新质生产力发展中的核心作用。

因此，为了应对未来复杂多变的社会环境，我们需要跳出传统的思维框架，勇于创新，引领新质生产力的发展，提升社会的整体效益，实现社会可持续发展的目标。站在这个视角上，我们将更好地理解科技创新在驱动社会发展和促进新质生产力提升中的重要作用，也将更好地把握未来的发展方向。

（三）打破常规：科技创新的必然趋势——挑战标准化、单一化、权威化

当前我们所面临的科技环境，较大程度上受到了标准化、流程化、专业化的影响。这些因素无疑在一定程度上提高了我们的生产效率和生活便捷度，但过度的依赖与坚持却可能使我们陷入思维的既定模式，使我们的行为变得机械化和固化，而这并不利于新思维、新行为的产生。这种科技发展模式，实质上是对思维的权威化和单一化的强化，这不仅限制了我们的想象力和创新力，更可能使我们无法应对

日新月异的科技变革和社会发展。因此，我们需要反思并做出改变，找到改变这种现状的新路径。

首先，需要挑战现有的标准化、流程化、专业化的思维模式，以更加开放和多元的视角去看待科技创新。不再受限于某一种"正确"的模式或标准，而是应该鼓励各种创新的尝试与探讨，即使这些尝试在一开始可能看起来"非主流"或者"违背常规"。

其次，需要挑战权威化和单一化的思维模式，尊重多元与差异，鼓励批判性思考，尊重个体的创新精神和行为。只有在尊重差异、承认创新百花齐放的环境下，才能培育出丰富多彩、充满活力的创新环境，打破当前科技创新的瓶颈，推动科技创新的真正进步。

最后，需要找到新的科技创新路径，关注科技如何帮助我们绕过或者超越这种标准化、权威化和单一化的制约，寻找多元化、开放性的创新模式。这涉及如何在现有科技基础上创新，同时包括基于全新的视角和理念的颠覆性创新。

这样的科技创新，需要我们容忍并鼓励试错，创建开放包容的环境，允许不同的观点和思想碰撞产生火花，从而形成真正新颖、富有洞察力的观点。同时，我们也需要认识到，这一过程并非一蹴而就，它需要我们持之以恒，不断探索并充分发挥我们的想象力和创新力。此外，我们还需要构建培养创新思维和行为的社会环境，包括学校、企业、政府等领域。比如，教育需要更加注重培养学生的批判性思维和创新能力，企业需要鼓励员工提出新的创意和尝试新的方法，政府需要为创新提供更好的政策环境和支持。

达到这样的目标后，科技、思想和行为的创新将促使我们解锁并发展新的生产力，推动我们的社会发展得更迅速、更深远。总的来说，挑战标准化、流程化、专业化、权威化和单一化的思维模式，是我们在新的历史阶段，实现科技创新，推动新质生产力发展的重要任务。

（四）科技普及与思维转变——从工业化到信息化

随着科技的日益普及和演进，从工业化向信息化的跨越已经成为当前这个时代的显著特征。在这样的背景下，思维的转变不再是选择，而是必然。在现有的科技背景下，如果我们的思维模式仍然停留在工业化阶段，就将无法适应并充分利用科技的快速发展为我们的生活带来的改变。

当前我们的思维在很大程度上还停留在工业化阶段，这主要体现在我们对科技的理解和应用上。我们往往习惯性地将科技视作提高生产效率的工具，忽略了科技作为一种驱动力，能带动我们的思维方式发生转变，产生全新的观念和行为模式的可能性。

然而，随着新科技的迅速发展和普及，我们可以借此契机进行思维的升级和转变。新科技，如人工智能、大数据、互联网等，已经深深地影响了我们生活的方方面面，从研究方法、信息获取，到生活方式、娱乐模式，甚至是我们的思考方式，新科技的影响无处不在。因此，我们需要认识到，科技已经不再仅仅是工业的工具，更是推动我们的思维方式、生活模式发生变革的重要力量。在这个过程中，我们需要积极地解放思想，接受新科技带来的新的思维方式和生活模式，并利用这一变革培养创新思维。

最终，创新思维的产生和发展，将推动我们提升生产力，引领科技创新的大潮并深化对科技及其在生活中应用的理解。在这个过程中，思想的转变和普及将推动社会发展，使我们能够更好地适应并利用科技的力量。

因此，我们应该认识到科技在塑造生活和思维方面的巨大作用，并开始主动地、批判性地利用科技，改变自己对于科技、生活、思维的理解和固有观念，更加积极、主动地面对和利用科技的变化。

因此，新科技的发展并不只是为了技术发展本身，更重要的是，在科技的推动下，我们的思维方式、生活方式、社会模式会发生哪些改变，这些改变有什么样的意义和价值。进一步看，科技的发展和思维的改变，应该进一步追寻的不仅是提升生产力，更应该是提高生活质量，实现人的全面发展。因此，科技普及与思维转变的过程，其实是一个形成塑造新质生产力的过程，是我们通过借助科技提升生活质量、推动社会进步的过程。这样的过程需要我们有足够的勇气去接受新的挑战，去创新，去不断改善和优化我们的生活。只有在这样的过程中，我们才能真正理解和把握新质生产力的意义和价值。

（五）新质生产力的归宿——思想解放与生产力的升华

新质生产力的形成与进步，其归宿在于思想的解放与生产力的升华。这涉及大规模地对传统思维观念的解构和重构，对已有知识架构的批判和刷新。这是一个满怀思考、不断探索、努力创新的过程，而这个过程，是任何想要推动社会前进，推动科技与生产力发展的人都无法回避的。

解放思想意味着我们需要断舍离旧有的知识、思维、习惯，以打破陈规，培育创新力。这个过程虽然充满挑战，但这是推动科技突破、实现生产力释放的重要途径。只有主动接纳和拥抱新的科技成果，才能够从根本上改变生存方式，推动生产力进一步释放。同时，科技的突破以及生产力的释放，将进一步促使新的生产力形成。每一次的技术创新和工业革命都推动了生产力的提升，也成就了一个个新兴经济体。这些经济体源于新的工艺技术，奠定了生产力发展的新基础，这也是我们所说的新质生产力的萌芽。

当思想解放与科技革新相结合时，新质生产力便有了生长的土壤。在这里，思想的解放不再只是一个哲学层面的抽象概念，更是在驱动我们解决实际问题，推动社会进步。这一切都构成了新质生产力的基础，为今后的科技创新与社会发展提供了无限可能。同时，思想解放与生产力的升华不仅改变了我们对生产力的理解，也使得我们有了更高级别的目标和导向，即寻求在不断的科技创新和生产力提升中实现人的全面发展、社会的持续进步，进而使人类社会走向更美好的未来。这将是新质生产力的最终归宿：不断超越，追求更高、更远。

总的来说，思想解放与生产力的升华是一种形而上的进步，它要求我们从微观角度去琢磨个人思想的解放，从宏观角度去考察社会生产力的提升。这样的观念和行动，不仅将驱动我们的科技创新，也将深刻地改变我们的生产方式、生活方式乃至整个社会的运行模式。而这样的改变，是朝着更加开放、包容、进步的方向发展的，将带领我们走向一个全新的时代。

在文化传承中发展新质生产力

新质生产力在文化传承中的发展需要利用科技，发掘中国的传统文化之智，借此与现代科技相结合，形成独特的中国特色新质生产力。在这个过程中，我们直面文化传承与科技创新的挑战，以求在这二者之间找到最恰当的平衡。

（一）新质生产力与中华文化的关系

中华文化有着数千年的历史底蕴和深沉的哲学智慧，这些文化元素在现代社会中仍具有极高的价值。

首先，中华文化的内涵包含了和谐、平衡、持续学习和改进的思想，这些都是促进创新思维的重要因素。中华文明在古代对科技发展做出了巨大贡献，造纸术、火药、印刷术和指南针均展示了古人对创新和改进永不满足的追求。在新质生产力的框架下，我们可以看到一个重视创新能力培养和信息流通的现代社会，这与中华文化强调的学习和进步的传统非常契合。

其次，新质生产力中强调的学习能力与中华文化以学为本的传统相得益彰。儒家思想中强调"学而时习之"表达了对终身学习的追求，现代社会可以通过持续的教育和技能更新，培育符合信息时代需求的人才。中华文化对知识和学习的尊重为新质生产力理论提供了丰富的培养基础，使之能够持续发展和适应变化。

再次，信息处理能力是新质生产力的关键要素，这在中华文化传承中可以体现为对经典文献的研读和解读能力。过去，学者通过深入研究经典，提炼哲学和道德原则，展示了一种信息提炼和转化的高级形式。现代社会，这可以转化为通过对传统文化的深入理解来激发创新，并将这些理解应用到现代社会和科技问题的解决上。

最后，通过现代科技手段对中华文化进行创新性传播和再解释，不仅有助于对文化遗产的保护，还能够激发新的文化生产力。例如，数字化国宝、在虚拟现实中重现历史场景，以及利用新媒体进行文化价值的普及，这些都能够把传统文化与现代技术紧密结合起来。

由此可见，新质生产力与中华文化内涵的融合可以为现代社会的发展带来新的思考和解决方案。突出中华文化对于新质生产力的发展至关重要。中国拥有 5 000 年的文化历史，深厚的历史底蕴与丰富的哲学思想赋予了其特殊的意义与价值。这种特殊性不仅在于中华文化对我们日常生活的深深影响，更在于它对新质生产力发展的关键性影响，即中华优秀传统文化的智慧将在新质生产力的塑造中发挥重要作用。

中国的文化传统，包括但不限于儒家的仁爱之道、道家的自然之道以及法家的法治之道，构成了中国人深层次的思维方式与价值观。这些文化元素在我们的日常生活中无所不在，它们塑造我们的道德观念、行为准则以及对社会和自然的看待等。因此，新质生产力的发展如果能取得中华优秀传统文化之中的智慧与思想，那将在本质上具备中华文化的印记。

在这一过程中，中华文化的传统元素将不限于被动地适应新的生产力形态，反而可以积极地影响和塑造新质生产力的发展。例如，汲取儒家注重和谐、重视人与人之间关系的智慧，我们可以倡导更加注重人文、尊重员工价值的企业文化，从而实现管理、效率和满意度的提升。同样，借鉴道家强调自然和谐、天人合一的思想，我们也可以在新能源、环保科技等领域寻求突破，推动绿色生产力的发展。

通过继承中华文化中对创新和学习的追求，现代社会可以在新质生产力的引领下，推动经济的持续增长和社会的全面进步。这种融合有助于在全球化的背景下，保持文化的多样性和独特性，同时也为世界文明的交流与发展做出贡献。

（二）科技创新与文化传承的紧密结合

对于如何在文化传承中发展新质生产力的重要问题，我们提出了一个创新性的解决方案，那就是将科技创新与中华传统文化紧密结合。一方面，科技创新作为工具和驱动力，可以为传统文化的传承与发展服务，通过利用现代科技手段，我们能够推广和深化对中华传统文化的理解，以此形成新的增长点，例如，数字技术可以用来复原和传播中国的传统艺术，人工智能可以将传统的道德规范编码，应用到社区服务中。另一方面，中华传统文化也可以为科技创新提供方向和引领。我们应该从中汲取智慧和价值观，用这种独特的思考方式和观念，引导科技的发展方向。例如，儒家的平等观念可以引导我们开发具有平等、公正属性的科技产品；道家的自然观可以驱动我们发展更加环保、符合自然规律的科技产品。以上充分体现了科技创新与文化传承的双向影响和相互融合。这种融合并不是简单的叠加或者外在的结合，而是一种深入的、内在的、生动的互动过程。在这个过程中，科技、文化、价值观三者相互影响、相互改造、相互促进，形成了一种现代科学与中国传统文化同样重要、科技创新与文化传承同样重要的全新观念。在这个含义上，文化将不会束缚科技创新，而是能为其赋予更深远的意义和价值，同时，科技创新也并非会破坏文化传承，反而能为其提供新的传播途径和理解角度。

在科技创新和文化传承的共同作用下，我们有可能走出一条兼具现代科学精神和中国传统文化精髓的新路，走向一个彼此融合、相互促进的新时代。这种融合不仅可以推动科技创新，比如更高效、更环保的新技术，也可以促使文化传承，比如传统文化在现代社会的重构与再现。这非但不会削弱传统文化的意义和价值，反而会进一步加深我们对传统文化的理解，提升我们的文化自觉和自信，同时也让世界更好地理解中国。通过深入的科技创新与文化融合，我们可以实现新质生产力的发展，不仅表现在物质生产上，更表现在文化、哲学等精神领域。我们可以用科技创新推动高质量的生产力发展，促进经济社会的整体提升，同时，我们也可以通过发掘、理解和传承中华传统文化的精髓，为现代科技创新提供深厚的文化土壤和独特的价值导向，使科技创新与文化艺术融为一体，推动人的全面发展。

在新质生产力的框架下，追求科技创新与保护传统文化价值之间的平衡和融合是一项挑战，但也是实现可持续发展的关键。应采取一种双轨战略，既全力以赴地探索和推进技术革新，又深化对传统文化的理解和应用，并将其智慧与价值贯穿科技创新的全过程。

首先，确立文化价值在科技发展中的核心地位。这意味着在科技研发和实施的每一个阶段，都应考虑其对文化传承的可能影响，确保科技方案能够与文化价值相协调，反对仅以技术效率或经济利润为发展唯一目标的做法。在实践中，这可以通过嵌入文化评估机制，确保科技项目不仅符合财务和技术标准，同时也符合社会和文化目标。

其次，利用新科技手段来记录和传播传统文化。例如，数字化技术可以用于保存并与世界共享非物质文化遗产，如民间音乐、舞蹈、手工艺等。通过建立数字档案馆、虚拟展览和在线互动平台，不仅能够为传统艺术品和传统知识的传承提供全新的方式，同时也能增强年青一代对传统文化的兴趣和参与度。

再次，应促进跨学科的融合与协作，将人文科学和社会科学引入科技研发的过程，使科技发明与创新能更好地服务于人类社会与文化的深层需求。并通过在教育体系内植入文化知识的传授，培养具有全球视野和文化敏感度的新型人才，这些人才在推动技术创新的同时，也能够承担起文化传承的责任。

最后，应当倡导对传统文化的当代再诠释，让传统元素在现代科技环境中焕发新生。在现代设计理念和科技产品中融入传统元素，不仅能够让产品更具文化特色和市场竞争力，也是传播和保护传统文化的有效方式。通过这种方式，科技与文化的和谐共融可以更多地对文化多样性进行保护，同时推动科技创新的道德发展和文化可持续性。

（三）科技创新与文化传承相融的结果

科技创新与文化传承是现代社会发展的两大主要驱动力，它们的融合为形成新质生产力打开了一条特殊可行的道路。这种新质生产力与之前的生产力有着本质上的不同,它既包含了科技创新带来的物质生产力的提升,也融入了文化传承所带来的精神生产力的提升。

在科技与文化的交融中,我们需要寻找一个能够实现互为补充、互相通融的地方。这个过程并非一蹴而就,需要经过深入的研究和实践。在这一过程中,中国哲学与西方科学的对话与沟通尤为重要。我们需要在科技创新与文化传承之间架起一座沟通的桥梁,实现科学与人文的深度融合。我们希望科技创新能够同时服务于生产力的提升和对人性、对生活的深度理解。这不仅体现在技术的升级、生产力的提升上,更深层次地,我们希望能够通过更深入的对人性的理解,积极推动文化传承,以实现科技、经济和文化三位一体的发展。

进一步来看,科技创新与文化传承的融合,将推动中华文明的现代化和工业的文明化。这是一个使科技、经济和文化相互促进、相互提升,并最终形成具有中国特色、中国风格、中国气派的现代化的过程。中国特色的现代化,将在全球化的历史画卷中呈现出强烈的中国基因,展示中华文明对人类文明进步的独特贡献。而科技的进步,应当服务这一进程,使人性、人文、民族文化和科学技术在新质生产力的形成中得到更高级别的融合。

这不能仅仅停留在表面的科技进步,也不能仅仅满足于经济生产力的提升,更需要实现对人性的认识和对社会文化理解的升华。我们要实现从以科技和经济为中心的生产力观念转变到以人为本的生产力观念,实质上是实现从工科理念到人文理念的跨越。在这一过程中,中华传统文化的智慧将发挥重要的作用,为我们找到一条既坚守人文精神又不违背经济发展的道路。这既是一种挑战,也是一种机遇,需要我们进一步深化中国哲学与西方科学的互动和对话,为形成新质生产力找到一条新的路径。

总的来说,科技创新与文化传承的深度融合,将为我们形成新质生产力指明一条新的路。这并非易事,需要我们深入研究,多方尝试,只有这样,才能走出一条具有中国特色、符合时代需求、和谐发展的现代化道路。

典型案例

河南广播电视台传统文化创新与发扬

案例背景:

在数字时代智媒浪潮的背景下,河南广播电视台(以下简称"河南台")实现新闻出彩、文化出圈、技术赋能内涵创新、智能助推平台再造,体现出以先进技术为支撑的不可替代的重要作用。新时代、新文化、新传播,河南台在持续深化融合发展中不断提升技术引领的能力。

在国家战略整体推进的进程中,河南台重视技术引领,坚持科技赋能内容生产,发挥数字智能化在内容创新、融合传播、高效管理全环节的支撑作用,实现了从追赶到领跑的跨越,为打造具有全国影响力的新型主流媒体奠定了坚实的基础。

近年来,河南台融合传播成效显著。重大主题宣传守正创新,《从延安到红旗渠》《成语里的中国》全网阅读量超过10亿次,《总书记的回信》全网播放量超过72亿次,2023年荣获三个中国新闻奖、六个中国广播电视大奖,以正能量汇聚大流量,打造了重大主题宣传新范式,呈现鲜明特色。

在文化传播引领风尚方面,河南台书写新时代的文化自信,"中国节日"系列节目3季21期累计观看量近1000亿次,拓展了文化内容表达的新境界,以年轻人喜欢的方式发展了中华文化新品牌。全媒体平台建设表现强劲,成功申报中国(河南)广播电视媒体融合发展创新中心。索福瑞媒介研究(CSM)数据显示,大象新闻全媒制播、全域覆盖、全网影响,融合网络传播指数、短视频传播指数连续三年位列省级台第一,新闻融合传播年度指数、微博指数连续两年位列省级台第一,新闻融合短视频互动量位列全国第一。

河南台还推出了其他与中国传统节日相关的特别节目,如《唐宫夜宴》《洛神水赋》和《龙门金刚》等,这些节目不仅在国内引起了广泛关注,也在国际上获得了认可,成为传播中华文化的重要载体。通过这些节目,河南台成功地将传统文化与现代传播手段相结合,创造出了一系列既有教育意义又具娱乐性的文化产品。

案例分析:

河南台的成功得益于其把握新质生产力的机遇,进行系统和深度的技术创新,不断提升内容创新能力,采用多元化的传播策略,深度理解并满足观众需求,具有深度的跨领域融合和创新精神。

河南台的成功经验在于以下几点。一是技术驱动。在科技不断进步的环境中,河南台深度关注技术与传媒产业的结合,持续改进,并实现从追赶到领跑的全面跃迁。此外,数字化和智能化的发展也在内容创新、融合传播和高效管理中起到了重要的支撑作用。二是内容创新。河南台注重提升内容的独特性和创造性。如重大主题宣传片《从延安到红旗渠》《成语里的中国》等,具有深厚的历史文化底蕴和社会影响力,彰显了其强大的内容制作能力和创新意识。三是融合传播。河南台采用全网化、全域覆盖的方式进行传播，不仅提高了其内容的覆盖率和影响力，也为打造具有全国影响力的新型主流媒体奠定了坚实基础。四是精准定位。对青年人群的内容需求有深入的调研和理解，从而创造出年轻人喜欢的、新鲜有趣的、具有独特中国元素的文化新品牌。五是跨渠道传播。不仅在电视平台进行传播，同时也在互联网平台进行推广，实现了线上线下的有效结合，使其内容得到了最大范围的传播。

案例总结：

将文化与科技创新性的融合成就了新质生产力的产生，使河南台掌握了更多的生产和消费能力。一方面，科技的进步提供了更多的生产工具和手段，使内容生产更加便捷、高效，同时也降低了生产成本。另一方面，科技使得接触观众的渠道和方式大大增加，比如社交媒体、视频网站、新闻平台等，这使传播覆盖率和影响力大大提升。此外，智能化的数据分析和预测，可以帮助企业进行精准营销，提供观众需要的内容，提高产品的市场竞争力。河南台取得的成功经验，充分彰显了如何在文化传承中发展新质生产力。

从文化传承角度看，河南台非常注重本土文化的挖掘和传播。它不仅保留了传统媒体的长处，如深度调研、专业分析等，而且大量地采用了传统中华文化这一深厚的底蕴作为其内容制作的印记。河南台的一系列节目，如《成语里的中国》《总书记

> 的回信》及相关节日特别节目等，无论是在主题上还是在手法上，都展示了深厚的中华传统文化底蕴。河南台用现代的手法和语言，对这些传统文化进行了新的解读和传播，作为视觉化和以故事为主的媒体形式，成功地吸引了观众尤其是年青一代的注意力。
>
> 关于新质生产力形成的体现，河南台充分利用数字化和信息化的手段，实现了媒体融合发展。它积极投入新媒体的运用，以全网化、全域覆盖的万众创新模式进行传播，提升了新闻报道和文化传播的效果。此外，河南台在新媒体平台的引领下，不仅使其自身的品牌和影响力得到了提升，也成功地改善了观众有效的社交和信息获取方式，使观众观看河南台的新闻和文化节目更为便捷，也更有趣味性。
>
> 总的来说，河南台能够在数字化时代脱颖而出，其成功的关键在于能够巧妙地将文化传承与数字科学技术融合，塑造了新质生产力，既保留了传统媒体的优点，又充分利用了新媒体的优势。

在科技发展与人类社会深刻关联的现实中，无论是在保持科技向善的社会责任上，还是在科技解放思想和推动文化传承上，我们终将把科技创新作为赋能人类进步、实现全面发展的驱动力，实现其在构建和谐社会及促进文化繁荣中不可或缺的作用，不断寻找未来发展的可持续之道，从而掀开科技、社会、文化深度结合的新篇章。